公司融资决策
与资本结构优化研究

毛爱武　著

河北科学技术出版社

图书在版编目（CIP）数据

公司融资决策与资本结构优化研究 / 毛爱武著 . --
石家庄：河北科学技术出版社，2024.5
ISBN 978-7-5717-2085-8

Ⅰ . ①公… Ⅱ . ①毛… Ⅲ . ①企业融资 – 融资决策 –
研究 – 中国 Ⅳ . ① F279.246

中国国家版本馆 CIP 数据核字（2024）第 105804 号

公司融资决策与资本结构优化研究
GONGSI RONGZI JUECE YU ZIBEN JIEGOU YOUHUA YANJIU

毛爱武　著

责任编辑	王　宇	
责任校对	张京生	
美术编辑	张　帆	
封面设计	优盛文化	
出版发行	河北科学技术出版社	
地　　址	石家庄市友谊北大街 330 号（邮编：050061）	
印　　刷	河北万卷印刷有限公司	
开　　本	710mm×1000mm　1/16	
印　　张	15	
字　　数	250 千字	
版　　次	2024 年 5 月第 1 版	
印　　次	2024 年 5 月第 1 次印刷	
书　　号	ISBN 978-7-5717-2085-8	
定　　价	88.00 元	

前 言

融资是指通过货币交易的手段来筹集资金的活动。公司融资是社会融资的重要组成部分，它是指公司作为资金寻求者从事的金融活动。公司融资决策是指公司为实现其经营目标，在预测资金需要量的基础上，通过对各种融资方式、融资条件、融资成本和融资风险进行比较，合理选择融资方式，以及确定各种融资量的过程。

资本结构，作为公司金融领域一个极为关键且历史悠久的议题，始终吸引着众多经济学家的广泛关注。什么是资本结构？从广义上讲，资本结构衡量的是公司获取的各种资金来源（包括长期资金来源和短期资金来源），以及形成的组合关系。而在狭义上，资本结构专指公司长期负债与权益资本之间的比例关系。这两者之间的主要差异在于对短期负债的看法——狭义资本结构通常认为短期债务不像长期债务那样具有明显的约束作用和税收优惠效果。从资本结构与融资的关系角度看，资本结构可以分为动态和静态两种类型。动态资本结构关注的是公司的融资行为，即在融资中，公司是如何选择不同的融资渠道和方式的。而静态资本结构则关注公司融资政策的结果，公司的融资政策决定了公司的融资行为，并进而影响资本结构的形成。总的来看，资本结构反映的是公司的资金来源和融资方式，其探讨的核心问题是在公司的各种资本来源中债务资本所占的比例，换言之，就是公司对财务杠杆的使用。

本书分为公司融资篇和公司资本结构优化篇。公司融资篇包括第一章至第四章。第一章为公司融资概述，介绍了融资的概念及公司融资需求、公司融资方式与融资渠道、公司融资环境。第二章为公司融资管理及数量的预测，探讨了公司融资的原则和程序，并对公司融资数量的预测方法进行了详细分析。第三章为债务融资策略，详细分析了借款融资、债券融资、融资租赁，以及债务融资风险管理策略。第四章为股权融资策略，介绍了发行普通股融资、可转换债券融资和股权融资风险管理策略。公司资本结构优化篇包括第五章至第七章。第五章为资本成本与资本结构理论，包括资本成本概述、传统资本结构理论、现代资本结构理论、新资本结构理论，以及资本结构理论的评价和启示。第六章为公司资本结构优化策略，深入探讨了资本结构优化的概念与目标、最优资本结构的影响因素、最优资本结构的决策方法和公司资本结构优化的具体策略。第七章为公司资本结构的风险预警系统，详细介绍了风险预警系统的构成、分析方法和构建模式。

本书系统地阐述了公司融资的基本理论和策略，并对资本结构的优化提出了深刻的见解。此外，本书还特别强调了风险管理在公司融资和资本结构优化中的重要性，为读者提供了风险评估和管理知识。本书可作为相关专业人员的实用、系统的参考资料，帮助他们更好地理解并应对公司融资和资本结构优化中的挑战。

目 录

公司融资篇

公司资本结构优化篇

公司融资篇

第一章 公司融资概述

第一节 融资的概念及公司融资需求

一、融资的概念

（一）融资概念的界定

融资是资金融通的简称，是资金从剩余（超额储蓄）部门流向不足（超额投资）部门的现象。[①] 融资有广义和狭义之分。在广义上，融资是指资金在供给者和需求者之间的流动过程。这一过程是一个双向的，既包括资金的融入，也包括资金的融出。资金的融入是指资金来源，即公司通过多种渠道（如银行贷款、发行股票、债券，或者私人投资者等）来筹集资金。资金的融出是指用筹集到的资金进行投资的行为，包括投资长期资产如厂房、设备和技术，或投资短期资产如存货和流动资金。在狭义上，融资是指资金的融入过程。狭义的融资强调的是公司为了特定的目的如重置设备、引进新技术、产品开发、对外投资、兼并其他公司、资金周转、临时需要、债务偿还或资本结构调整等，通过特定的筹资渠道和资金市场，使用各种筹资方式来

[①] 王小霞. 企业融资理论与实务［M］. 西安：西北大学出版社，2017：1.

高效地筹集资金。

本书着重从狭义的角度分析公司的融资行为，以寻求合理高效的资本结构。

（二）相关概念区分

1. 筹资活动与融资

筹资活动，作为一个长期以来被广泛使用的概念，主要是指借款人（例如公司）通过各种途径和手段取得资金的过程。在筹资活动中，借款人的主要目的是获得货币的使用权。这通常是一个单方面的行为，例如通过借贷、发行债券，或直接的股权出售等行为来筹集资金。筹资活动往往着眼于具体的、短期内的资金需求，比如为了某个特定项目或为了解决短期的资金流动性问题。而融资这一概念在我国的使用时间并不长，其目的是实现融资双方的优势互补和互惠互利。筹资活动把货币借贷、证券买卖等活动视为转瞬即逝的交易。融资则将货币借贷、证券买卖、合资合作视为一种长期存续的经济关系；融资不仅包括资源使用权的让渡，而且包括资源开发运用、资源使用权的归还及收益的分配。融资在本质上是一个更为全面和长期的经济活动，涉及的范围和影响远远超过单纯的资金筹集。

筹资活动与融资也有联系。筹资活动是融资的一部分，可以被视为融资中的一个重要环节。筹资活动提供了融资所需的初期资金，是实施更广泛融资策略的基础。融资的成功往往取决于筹资活动的效果。有效的筹资活动能够为公司提供必要的流动资金，从而支持公司的长期发展和扩张策略。

2. 投资与融资

投资是一定经济主体为了获取预期不确定的收益而将现期一定的资源或经济要素转化为资本的行为或过程。[①] 投资的种类繁多，包括实物投资、金融投资和人力投资。实物投资主要涉及将资金用于购置固定资产和流动资

---

① 杨开明. 企业融资：理论、实务与风险管理［M］. 武汉：武汉理工大学出版社，2004：3.

产，如购买设备、建筑或库存。金融投资则关注股票、债券、基金和外汇等金融工具的买卖，这些投资通常通过资本市场的波动来实现资金的波动。人力投资则是指在人才培养上的开支，如教育和培训，旨在提升人力资本的价值。

投资和融资既有区别，又有联系。在区别方面，投资和融资关注的焦点不同。投资关注的是如何使用资金，以及如何从中获得最大的经济回报。融资关注的是如何、从哪里，以及在什么条件下获取资金。在联系方面，有效的投资可以提升经济主体的盈利能力和信用状况，进而影响经济主体未来的融资条件和能力。融资为投资提供了必要的资金支持，使经济主体能够执行投资计划，无论是实物投资、金融投资还是人力投资。例如，成功的投资项目可以增加公司的资产价值和收入，使其在未来获得更有利的融资条件。

（三）公司融资的本质

公司融资的本质主要体现在以下三方面：

1. 公司融资实质上是优势生产要素的组合

国际分工理论认为，一个国家会出口它具有生产要素优势（即比较优势）的产品，并进口它在生产要素上处于劣势的产品，以此带来贸易利益。随着经济全球化的推进，生产要素的流动性增强，国家可以引进外国的优势生产要素，如资金、技术和管理等，以获得组合后的要素比较优势，参与国际贸易并从中受益。这不仅促进了国际贸易和经济发展，而且促进了生产要素的升级和发展。这种思想不仅适用于国际分工，也适用于公司融资。公司融资本质上是一种优势生产要素的组合过程。例如，风险投资结合了投资者的资金优势、管理和市场渠道优势与科技公司的技术优势，从而实现了资金、技术、信息和人力资源的整合，提高了配置效率。

2. 公司融资实质上是储蓄向投资的转化

公司融资本质上是储蓄向投资的转化，这一点可以从资金的运动形式和方向上看出（图1-1）。资金从资金供给者，即储蓄者，流向资金需求者，即投资者。这种流动不仅是资金的简单转移，而且是一种资源配置的体现。储蓄，作为一种未被立即消费的资金，通过融资，被转化为投资，进而转化为经济活动中的生产力。在这个转化过程中，第三方机构扮演着重要的角色。这些机构，如金融中介、政府等，通过建立和维护信用体系，提供融资渠道和监管机制，极大地提高了融资的效率和安全性。例如，银行作为中介，能够有效地将储蓄者的资金汇集起来，再以贷款等形式分配给需要资金的公司。政府通过制定政策和法规，为融资提供了规范和保障，降低了交易成本和风险。这样不仅可以提高资金资源的配置效率，还将刺激效率低的部门提高效率。这是公司融资的资源配置机制所追求的目标。

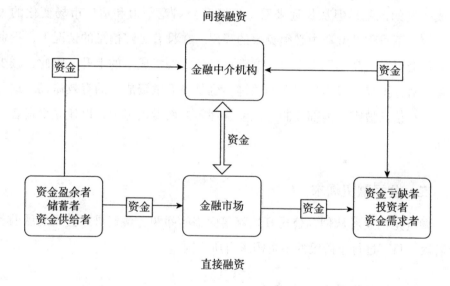

图 1-1 储蓄—投资转化关系

3. 公司融资实质上是公司管理效率提升的过程

公司融资远不止是资金筹集的过程，它实质上是公司进行全面内部管理革新的过程。通过提升财务透明度、优化决策流程和组织结构、减少信息不对称等，融资为公司带来了管理效率的显著提升，为公司未来的发展奠定了坚实的基础。

在融资中，公司必须应对来自潜在投资者和资本市场的严格审查。为了通过这种审查，公司不得不提高内部管理的透明度和效率。这种透明度主要体现在财务报告上。传统的财务报告仅仅满足了基本的会计标准，但在融资的背景下，公司需要提供更详尽、更透明的财务信息，以便投资者能够准确评估公司的价值和风险。除了财务透明度的提升，融资还迫使公司优化其决策流程。在融资之前，许多决策是基于直觉或者传统做法，但在面对融资的需求时，这种模式变得行不通。公司需要建立更加科学、合理的决策机制，确保每一项决策都能够经得起投资者和市场的审视。为了提升管理效率，公司可能需要重新设计其组织架构，使之更加符合市场和业务需求。这意味着部门重组、职能调整，甚至是管理层的变更。这些改变虽然可能在短期内造成一定的混乱，但从长远来看，是提升公司竞争力和适应市场变化的关键。信息不对称是融资中必须克服的障碍。在没有足够信息的情况下，投资者往往会要求更高的风险溢价，这直接导致了融资成本的上升。因此，减少信息不对称不仅是吸引投资者的关键，也是降低融资成本的有效途径。这需要公司在信息披露、内部控制、风险管理等方面做出努力，以建立投资者的信任。

二、公司融资需求

融资是创业者从创办公司开始就要面临的问题。融资贯穿公司发展的各个阶段，只不过每个阶段的融资需求有所不同。

（一）初创阶段的融资需求

在公司的初创阶段，融资需求主要体现为筹集注册资本金。注册资本金的筹集不仅是满足法定要求的必要条件，更是确保公司顺利开展初期运营活动的基础。这一阶段的融资是决定公司能否顺利起步的关键。

注册资本金是满足政府注册要求的基本条件。不同地区和国家对于公司注册资本金的最低限额有着明确的规定，未能达到这一标准的公司将无法获得正式的营业执照。因此，筹集足够的注册资本金成了初创公司的首要任务。注册资本金的筹集还关乎公司初期运营的多个方面。这包括支付办公场地租金、购置办公设备和必要的生产原料、招聘员工及支付其工资、进行市场调研和产品开发等方面，这些都是确保公司日常运营顺利进行的基础设施和物资。

由于缺乏历史业绩和信用记录，初创公司从传统金融机构获取资金通常并非易事。因此，许多初创公司转向寻求天使投资人、风险投资、亲朋好友的支持或是通过众筹等方式来筹集所需的注册资本金。这些融资渠道不仅为公司提供了必要的启动资金，有时还伴随着商业指导和网络资源的附加价值。

（二）成长阶段的融资需求

除初创阶段的资金需求外，公司的资金需求主要受两个方面的影响：公司的日常运营所必需的开支（短期融资需求）和公司为了快速发展投资新项目所需的资金（中长期融资需求）。国际公司成长的历史经验表明，单凭公司自身的运营积累往往难以实现快速的发展。因此，现代公司普遍采取借助财务杠杆来进行融资，以便获得更多的发展资金。

公司成长阶段的融资需求可分为生产准备阶段融资需求和生产循环阶段融资需求。

1. 生产准备阶段融资需求

生产准备阶段的融资主要用于准备生产基础设施，包括采购原材料、机器设备和生产技术，以及建设厂房和购置土地。这些资金对于建立公司的生产能力和市场供应链很重要，是公司实现产品生产和市场供应的基础。对于许多公司而言，这一阶段的融资需求通常较大，因为它涉及大量的资本支出。在这个阶段，公司可能会寻求外部融资来满足这些初始的高额投资需求。这种融资通常是中长期的，以确保公司有足够的时间建立其生产基础并开始营利。适时的融资不仅可以帮助公司顺利过渡到生产阶段，也为公司未来的成长打下坚实的基础。

2. 生产循环阶段融资需求

生产循环阶段的融资需求是在公司已经建立基本生产能力之后出现的。在这一阶段，公司主要的融资需求集中在加速资产周转速度、降低资产风险、扩大资产规模，以及提高资产报酬率上。这意味着公司需要资金来优化其运营流程，比如增加库存以满足市场需求、投资到营销渠道和销售渠道以增加市场份额，或对现有生产线进行技术升级以提高生产效率。这个阶段的融资通常是短期或中期的，因为它们更多地关注维持和优化日常运营。合理的资金管理和有效的融资策略可以帮助公司在竞争激烈的市场中保持灵活性，快速响应市场变化，同时提高其财务健康和盈利能力。

与初创阶段不同，公司成长阶段拥有了持续经营的记录、信用记录和可用于质押的资产。这个阶段的公司更加倾向使用融资成本更低、申请和使用更灵活的债权（或债务）融资的手段来满足公司的短期融资需求和中长期融资需求。但考虑国内宏观调控、信贷规模和利率管制等因素的影响，以及股权融资所带来的各种市场声誉，股权（权益）融资也是公司中长期融资的必不可少的手段。

（三）成熟阶段的融资需求

公司在成熟阶段，资金的自我循环基本上可以解决资金需求，甚至有大量的资金剩余。公司进入成熟阶段以后，其在商品市场、金融市场、技术市场、人才市场、产权市场上的行为更加成熟，生产经营和营利的手段更加多样化，在行业和社会中的地位更加巩固，此时公司的融资不仅是关注如何获取资金，而且是开始深入关注融资的效率和对公司整体发展的长远影响，这种变化体现在几个关键方面。

1. 十分重视融资效率

这意味着公司在选择融资方式时，不仅要考虑资金的成本，还要考虑融资方式对公司财务健康的长期影响。例如，公司需要比较债务融资和股权融资的成本和益处，以找到最优化资金成本和风险的平衡点。有效率的融资决策能够确保公司以最低的成本获取所需资金，同时保持财务的稳健。

2. 注重资本结构的变化

良好的资本结构能够帮助公司在扩张和稳健经营之间保持平衡。公司可能会调整其债务和股本比例，以适应不同的市场环境和公司发展策略。适当的资本结构可以增强公司的市场竞争力，同时降低财务风险。

3. 注重法人治理结构的变化

在成熟阶段，公司往往会进一步完善其治理结构，以提高决策效率和透明度，增强股东、债权人和其他利益相关者的信心。良好的治理结构对于融资尤为重要，因为它能够向潜在的投资者和债权人展示公司的稳定性和可靠性。

4. 注重公司的社会形象

公司通过负责任和可持续的商业实践来建立良好的声誉，这不仅能提升公司的品牌价值，也有助于吸引投资者和客户。在融资时，公司会考虑融资决策对其社会形象和公司责任的影响，因为这些因素在当今社会越来越受重视，直接关系公司的长期发展。

（四）重组转型阶段的融资需求

在重组转型阶段，公司通常面临着业务模式、市场定位或管理结构的重大调整，因此融资需求主要集中在支持这些重大调整的实施上。重组转型包括进入新的市场领域、采用新技术、重构组织架构，甚至改变公司核心业务。这些转型活动往往需要投入大量资金，用于研发新产品、市场调研、培训员工、更新设备、扩张新业务领域。在此阶段，公司可能会寻求外部融资以缓解内部资金的压力，这包括但不限于股权融资、债务融资、私募基金或寻求风险投资。融资的关键是要确保资金能够有效地用于支持转型策略，并帮助公司顺利过渡到新的发展阶段。融资决策需考虑对现有股东利益的影响，以及长期的财务稳定性。

（五）衰退阶段的融资需求

衰退阶段的公司面临着市场需求下降、营业收入减少或利润率下滑的挑战。在这种情况下，融资的主要目的往往是保持公司的运营，防止财务困境进一步恶化。融资需求集中在偿还现有债务、重组财务或支持必要的运营活动上。在衰退阶段，公司难以通过传统的融资渠道获取资金，因为投资者和贷款机构通常对财务表现不佳的公司持谨慎态度。因此，这些公司需要探索替代融资渠道，如资产出售、战略合作或债务重组。在这个阶段，融资策略的重点是在保持公司运营的同时，寻求恢复营利的能力和稳定业务的途径。管理层需要密切监控财务状况，确保融资能够有效支持公司的长期生存和发展。

第二节　公司融资方式与融资渠道

一、公司融资方式

融资方式是融资双方实现资源优势互补所采取的手段和途径。伴随着经济领域的不断发展，加之公司和银行等各方融资的日益增多，融资方式正经历着持续的创新，呈现多样化的趋势。对于公司而言，在进行融资时，深入分析和了解不同融资方式的法律约束、金融限制、资本成本，以及这些融资方式对公司资本结构的可能影响是非常重要的。这种分析有助于公司在多种融资方式中做出恰当的选择，并有效地规划其融资组合。根据不同的分类标准，融资方式可以被划分为多个种类。

（一）直接融资和间接融资

融资方式按照融入和融出资金双方在融资中互相接触和联系方式的不同，分为直接融资和间接融资。

1. 直接融资

直接融资是指拥有暂时闲置资金的单位、个人与资金短缺、需要补充资金的单位，相互之间直接进行协议，或者在金融市场上，前者购买后者发行的有价证券，将资金提供给需要补充资金的单位使用，从而完成资金融通的过程。[①] 常见的直接融资形式有：债券融资、股票融资和海外投资基金。

直接融资作为公司筹集资金的一种方式，具有独特的优势。首先，直接融资在成本效率方面具有明显优势。由于直接融资模式中没有金融机构的参与，公司能够省去一系列中间费用，如承销费、咨询费等。这种节约不仅限于财务成本，还包括时间和操作上的便捷性。公司通过发行股票或债券直接与投资者交易，可以更快地获得所需资金，尤其是对于那些在资本市场上有良好信誉的大型公司来说，这种方式可以更高效地满足其大规模融资需求。其次，直接融资能够增强市场透明度和公司治理。由于直接融资要求公司向公众投资者披露财务和业务信息，这促使公司提高其财务报告的透明度和质量。这种透明度不仅能帮助投资者做出更为明智的投资决策，也是对公司的管理层施加压力的一种方式，促使公司的管理层优化管理和运营效率。投资者直接了解公司的财务状况和业务运营情况能够减少信息不对称的情况发生，从而增加投资者对公司的信任度。

然而，直接融资也存在一定的局限性。首先，直接融资对公司的市场声誉和规模有较高要求。直接融资通常需要公司具备较强的市场知名度和良好的信誉记录，这对于许多中小型公司或新成立的公司来说是一大挑战。由于直接融资涉及复杂的市场操作和法律合规要求，缺乏这些资源和能力的公司难以有效利用直接融资。其次，直接融资可能面临市场波动的风险。由于股票和债券价格受市场供求关系和宏观经济环境的影响，直接融资可能使公司面临更大的市场风险。尤其是在市场波动大或经济不确定性高的情况下，公司可能会遭遇融资成本上升或融资难度加大的问题。公司通过发行股票进行融资，还可能导致公司原有股东的股权被稀释，影响他们的控制权和收益分配。

---

① 　王小霞．企业融资理论与实务［M］．西安：西北大学出版社，2017：4-5．

2. 间接融资

间接融资是一种涉及金融机构的融资方式。在这个过程中,拥有闲置资金的个人或公司不是直接将资金提供给需要融资的公司,而是通过金融机构来实现资金的转移。具体来说,资金的最初所有者首先将其资金以存款的形式存入金融机构,或资金的最初所有者购买金融机构发行的有价证券,这样形成了资金的最初所有者与金融机构之间的第一重债权债务关系。随后,金融机构再将这些资金以贷款、贴现等形式提供给那些需要资金的公司,或金融机构通过购买这些公司发行的有价证券来为公司提供资金。这使金融机构与借款人之间形成第二重债权债务关系。在整个过程中,资金的最初所有者与借款人之间没有直接的财务往来,他们之间的联系是通过金融机构实现的。资金的最初所有者和借款人之间存在理论上的债权债务关系,但实际上不直接接触,这种融资方式被称为间接融资。

间接融资具有以下优点:首先,在促进资金有效分配方面,间接融资显示出显著的优势。金融机构通过聚集大量小额存款,能够将资金汇集并重新分配给那些需要融资的个人和公司。这种资金的集中和重新分配过程有效提高了资金使用的效率。金融中介通过其专业知识和风险评估能力,能够有效地将资金分配给那些有盈利潜力且信用良好的借款人。间接融资提供了分散风险的机会。存款人的资金被分散投资多个项目或借款人,这样即使个别项目失败,也不会对存款人的整体资金安全构成严重威胁。其次,在融资成本和融资可获得性方面,间接融资同样具有优势。许多小型和中型公司,以及个人直接进入资本市场融资存在难度,而通过金融中介融资则更为容易。金融中介能够提供不同类型和期限的贷款产品,从而满足不同借款人的需求。

间接融资也存在一定的局限性。首先,间接融资存在信息不对称问题。金融机构在处理存款人和借款人的资金时,可能不会完全透露所有信息,这导致存款人和借款人在决策时缺乏足够的信息。其次,间接融资的融资成本相对较高。金融中介虽然能够提供便利的融资途径,但其运营成本和利润需求通常会转嫁到借款人身上,这表现为更高的利率和服务费用。金融中介的决策过程可能较为保守,特别是在经济不稳定或市场波动的时期,金融中介可能收紧贷款，这会限制公司和个人的融资机会。金融机构自身的财务状况和经营效率也会影响其融资服务的质量和可靠性。

（二）短期融资、中期融资和长期融资

融资方式按照资金可使用期限的长短，分为短期融资、中期融资和长期融资。

1. 短期融资

短期融资是指资金可使用期限较短的融资方式，通常指一年或一年以内的融资。这类融资主要用于满足公司日常运营的资金需求，如原材料采购、库存维护、短期债务偿还和其他运营费用。短期融资的主要优点是灵活性高、成本相对较低。由于资金使用期限较短，所涉及的风险较低，因此短期融资的利率通常也较低。短期融资的常见形式包括银行透支、商业票据、短期银行贷款、应收账款筹资等。短期融资存在流动性风险。公司需要确保在资金到期时有足够的现金来偿还债务，否则可能面临资金链断裂的风险。

2. 中期融资

中期融资是指资金可使用期限介于一年至五年之间的融资。这类融资适用于公司的中期资金需求，如设备购置、中型项目投资或公司扩张等。中期融资比短期融资更能满足公司长期发展的需要，相比长期融资而言，又具有更高的灵活性和较低的风险。中期融资的方式包括中期银行贷款、融资租赁等。这种融资方式允许公司分散偿还资金的压力，避免了公司一次性支付大量资金带来的财务负担。中期融资的成本通常高于短期融资，公司需要在融资成本和项目投资回报之间做出权衡。

3. 长期融资

长期融资是指资金可使用期限超过五年的融资方式，适用于公司的长期投资和发展计划，如新厂房建设、大型项目开发、长期战略投资等。长期融资为公司提供了稳定的资金来源，帮助公司实现长远目标。常见的长期融资方式包括长期银行贷款、发行股票、发行债券等。长期融资具有资金稳定且

期限长的优点，能够为公司的长期项目提供充足的资金支持。长期融资还有助于公司改善资本结构，降低财务风险。长期融资通常涉及更复杂的审批过程和更高的融资成本，公司需要充分评估项目的可行性和未来的回报率，以确保长期融资的决策符合公司的战略目标和财务状况。

（三）国内融资和国际融资

融资方式按照融资是否涉及国外经济主体，分为国内融资和国际融资。

1. 国内融资

国内融资是指在一个国家的金融市场内，由该国的各类经济主体之间进行的融资。在国内融资中，资金的借贷双方都是该国的法人或自然人。这种融资所涉及的资金为本国货币，且资金的流转和借贷活动完全发生在国内市场上。国内融资的过程不涉及国际清算或跨国清算。例如，一家本地银行向国内居民提供的外汇贷款，即使涉及外汇，但由于银行和借款人均在国内注册和居住，外汇在国内流转，且受国内法律管辖，这类融资也属于国内融资。国内融资的方式包括银行贷款、债券发行、股权投资等。这种融资方式有利于加强国内资本市场的活力，也使资金在本国经济体内流转，支持本国的经济发展。

2. 国际融资

国际融资是指在国际金融市场上，跨越不同国家的经济主体之间进行的融资。国际融资涉及的资金主要是外汇。国际融资的渠道包括国际金融机构贷款、项目融资、国际债券、国际投资、融资租赁等。国际融资的特点是其活动范围通常超越单个国家的领土界限。在国际融资中，融资主体至少有一方为外国人，或者即使双方都在同一国家，但融资涉及的资金、权利等在国外。国际融资受外国法律管辖或遵循国际惯例和习惯。例如，一家国内私人公司从国内银行获得的大额项目贷款，如果其资金实际上是由国际银团提供的，那么这笔贷款也属于国际融资。国际融资为公司提供了更广阔的资金来源，有助于公司在全球范围内的扩张，但带来了外汇汇率风险和国际市场波动的风险。

（四）资信融资、抵押融资、担保融资和投资融资

融资方式按照融资保证方式的不同，分为资信融资、抵押融资、担保融资和投资融资。

1. 资信融资

资信融资是一种基于借款人信用的融资方式。在这种方式下，融资的关键依据是借款人的信誉和还款能力，而不是依靠任何形式的物质抵押或担保。资信融资通常需要提供借款人的财务状况、历史信用记录、营业收入，以及其他相关的信用信息，银行或其他金融机构会根据这些信息评估借款人的信用风险，然后决定是否提供贷款，以及贷款的条件。资信融资的处理过程相对快捷，不涉及复杂的抵押物评估和法律程序，使公司能够更快获得资金。只有信誉良好、财务健康的公司或个人才能获得资信融资，且融资成本可能因借款人信用等级而有所不同。

2. 抵押融资

抵押融资是一种通过提供物质资产作为抵押的融资方式。在这种方式下，借款人需提供一定价值的资产，如房产、土地、机器设备等，作为借款的担保。如果借款人未能按时偿还债务，金融机构有权处置这些抵押资产以回收贷款。抵押融资可以为借款人提供较大额度的融资，且通常拥有相对较低的借款利率。这是因为抵押物降低了贷款的信用风险。抵押融资为那些因信用记录不佳而无法获取资信融资的借款人提供了融资机会。抵押融资需要借款人拥有足够的抵押资产，且涉及的法律和评估程序较为复杂，导致融资耗时较长。借款人也承担着失去抵押资产的风险。

3. 担保融资

担保融资是一种通过第三方担保来降低债权人风险的融资方式。在这种融资模式下，借款人需要找到一个担保人，担保人向贷款机构提供担保，确保借款人具有债务清偿能力。如果借款人违约无法偿还债务，担保人将承担偿还责任。担保融资使那些由于缺乏足够抵押资产或信用记录不佳的借款人

能够获得贷款。这种融资方式在小型公司和个人融资中尤为普遍，因为它们可能难以满足传统融资的要求。担保融资能够扩大借款人的融资渠道，特别是对于那些信用记录较差的借款人。担保融资通常能够获得相对较低的融资成本。这种融资方式的主要风险在于担保人，他们需承担借款人违约的风险。担保融资涉及的合同和法律手续较为复杂，会增加融资的时间和成本。

4. 投资融资

投资融资是指通过吸引外部投资者投资公司来获得资金的方式，主要包括风险投资、私募基金，以及股权众筹等。在这种融资方式中，投资者通常会要求公司的股权或期权作为投资的回报。投资融资为公司提供了一种无须立即偿还的资金来源，这对于那些需要大量资金用于长期发展，如研发、市场扩展或基础设施建设的公司尤为重要。除了资金支持，投资者往往还能提供行业经验、管理知识和商业网络等附加价值。投资融资通常意味着公司股权的稀释，公司创始人和早期股东的控制权可能会减弱。吸引投资者通常需要公司展现强劲的成长潜力和良好的市场前景，这对于一些初创公司来说是一个挑战。投资融资涉及的谈判和合同制定可能非常复杂，且需要考虑投资者和公司之间的利益平衡。

（五）有偿融资、无偿融资和部分有偿融资

融资方式按照偿还方式的不同，分为有偿融资、无偿融资和部分有偿融资。

1. 有偿融资

有偿融资是指借款人在获取资金的同时，承诺在未来的某个时间点按照约定的条款偿还本金并支付一定的利息或费用。这是最常见的融资方式，涵盖了例如银行贷款、发行债券、股权投资（其中投资者期望获得回报）等多种形式。有偿融资的主要特点是资金的使用与成本直接相关，即借款人必须为使用资金支付利息或提供其他形式的回报。这种融资方式使公司和个人可以根据自身的需求和偿还能力选择不同的融资产品。但是，有偿融资也意味

着借款人承担偿还本金及利息的义务，这可能会对借款人的财务状况产生压力，特别是在经营不顺或市场环境不佳的情况下。

2. 无偿融资

无偿融资是指借款人获得资金而不需要支付利息或其他费用的融资方式。这类融资通常来源于政府补助、捐赠或某些类型的社会责任投资。无偿融资主要用于特定的社会目标、科研项目或为特定群体提供支持，如教育、医疗、环境保护等领域。无偿融资减轻了借款人的财务负担，因为借款人不需要为这些资金支付任何直接成本。无偿融资通常有严格的使用条件和目的限制，且获得过程较为复杂，需要满足特定的申请条件和程序。

3. 部分有偿融资

部分有偿融资是一种介于有偿融资和无偿融资之间的方式，它通常结合了两者的特点。在这种融资模式下，借款人获得的资金一部分需要支付利息或费用，而另一部分则无须偿还或无须支付利息。部分有偿融资常见于政府或国际机构的援助项目，以及某些特殊的贷款计划。例如，一个项目可能获得部分无偿资助和部分低息贷款。部分有偿融资提供了灵活的资本结构，可以帮助公司减轻融资成本，同时保持一定的财务灵活性。部分有偿融资通常伴随着更复杂的管理和监管要求，借款人需遵守合同中规定的多种条件和义务。

（六）纵向融资和横向融资

融资方式按照融资机制的不同，分为纵向融资和横向融资。

1. 纵向融资

纵向融资是一种基于供应链或产业链的融资方式。在这种融资方式中，资金的流动是沿着产业链的上下游进行的，通常涉及生产商、供应商和分销商之间的资金往来。例如，一个生产商提供资金给其供应商以确保原材料的稳定供应，或者一个大型零售商提前支付款项给生产商，以换取产品的优先交付。纵向融资能够加强产业链各方之间的合作关系，通过预付款或贸易信用等方式，帮助小型供应商或分销商解决资金问题，从而保障整个供应链的顺畅运作。这种融资方式不仅有助于降低整个供应链的运营风险，还可以提高供应链的整体效率。纵向融资对于提供资金的一方来说存在一定的风险，如果供应链中的某一环节出现问题，可能会影响整个资金回收的过程。

2. 横向融资

横向融资是指在同一产业链或在同一市场层级上的公司之间进行的融资。这种融资方式通常发生在相同行业或市场地位相似的公司之间，如同行业的公司互相提供贷款、信用担保或投资。横向融资的一个典型例子是行业内公司之间的共同基金或贷款协会，公司通过这些平台相互提供财务支持。横向融资基于行业内公司之间的相互理解和信任，能够在没有传统金融机构介入的情况下实现资源的有效分配。这种方式尤其适用于那些难以从传统金融市场获得资金的中小公司。横向融资可能会受到行业整体状况的影响，如果整个行业遭遇困难，参与融资的公司可能会受到波及。这种融资方式通常缺乏外部监管，存在信用风险和道德风险。

（七）内源融资和外源融资

融资方式按照资金是否来自资金需求内部，分为内源融资和外源融资。

1. 内源融资

内源融资是公司利用自身运营活动产生的资金来满足其融资需求。这种融资方式主要包括公司的留存收益等。内源融资不依赖外部投资者或贷款，因此公司不需要承担额外的债务负担或股权稀释的风险。这种融资途径有助于保持公司的财务独立，避免了外部融资可能带来的外部干预和财务风险。内源融资对公司的经营和财务稳定性非常重要，尤其是对于利润率高、现金流量稳定的公司。内源融资还有助于增强公司的信用度和市场竞争力，因为它显示出公司能够通过自身运营产生资金。内源融资的资金来源受限于公司自身的盈利能力。对于一些资金需求大或处于快速增长阶段的公司，单靠内源融资可能难以满足其所有的资金需求。

2. **外源融资**

外源融资是指公司通过外部途径筹集资金，主要包括股权融资、债权融资等。在股权融资中，公司通过出售股份来筹集资金，而债权融资则涉及从金融机构获取贷款，或通过发行债券来筹集资金。外源融资使公司能够获得大量的资金，支持其扩张、研发新产品，或进入新市场等活动。这种融资方式尤其适合那些需要大量资金而内源融资不足以满足需求的公司。外源融资提供了额外的资金来源，可以帮助公司实现快速发展。外源融资存在一定的风险。股权融资导致原有股东的股权被稀释，而债务融资增加了公司的财务负担和偿债风险。外源融资通常需要公司提供财务信息，接受投资者和债权人的审查，这在一定程度上会影响公司的运营决策和独立性。

（八）货币性融资、实物性融资和证券性融资

融资方式按照资金形态的不同，分为货币性融资、实物性融资和证券性融资。

1. **货币性融资**

货币性融资是一种直接以货币形式进行的融资方式。在这种融资方式中，投资者直接向借款人提供现金，通常通过银行贷款、信用贷款等方式实现。货币性融资的主要特点是灵活性和即时性。公司可以根据自身的现金流量和还款能力灵活地选择不同的货币性融资产品。例如，公司可以根据短期资金缺口选择短期银行贷款，或者为了长期项目投资选择长期贷款。货币性融资的融资成本相对较低，尤其是在低利率环境下。货币性融资存在一定的风险，如信用风险和利率风险。公司需要确保有足够的现金来偿还贷款，也要注意市场利率变动带来的财务成本变化。

2. **实物性融资**

实物性融资是以实物资产作为融资手段的一种方式。这种融资通常涉及实物资产的交换、租赁或抵押。例如，公司可以通过租赁设备的方式获取必要的生产设备，而无须支付大额的购买费用；或者公司可以将自己的某些资

产抵押给银行，以获取贷款。实物性融资能够帮助公司优化资产配置和减轻资金压力。对于那些不愿意或不能提供货币性担保的公司来说，实物性融资提供了一种可行的融资方式。

3. 证券性融资

证券性融资是通过发行证券来筹集资金的方式。在这种融资方式下，公司通过向公众或特定投资者出售证券来获得资金。证券性融资能够筹集到大量资金，适合资金需求大的公司。此外，证券市场的成熟和多样化为公司提供了广泛的融资渠道。证券性融资存在一定的挑战，如发行过程中的合规性要求、市场风险，以及对公众投资者信息披露的责任。证券市场的波动性影响融资的成本和稳定性。

（九）股权融资和债权融资

融资方式按照融资所形成的经济关系，分为股权融资和债权融资。

1. 股权融资

股权融资是所有权融资，是指经济主体以其所有权换取他人资源的融资，或者说是以资源的所有权换取公司所有权的活动。[①] 股权融资一般采用吸收直接投资、发行股票、留存收益等融资方式。股权融资在会计上表现为股东权益，代表着投资者对公司的所有权。

股权融资的特点是：投资者以公司所有者身份参与管理，分利担责。股权资本是公司的永久性资本，投资者一旦提供资本，除依法转让外，不得以任何方式从公司中抽回。公司无须还本付息，公司的财务风险较小，但投资者要求的资本收益率较高，因此资本成本高。

2. 债权融资

债权融资是公司按照约定代价和用途取得且需要按期还本付息的一种融资方式。债权融资不发生所有权变化的单方面资本使用权的临时让渡。债权

---

① 杨开明. 企业融资：理论、实务与风险管理［M］. 武汉：武汉理工大学出版社，2004：17.

融资一般通过银行借款、发行债券、租赁等方式进行。

债权融资的特点是：债权人与公司是债权债务关系，仅有权索要利息、收回本金，无权参与公司经营管理，不承担责任。债权融资具有期限性，在债务合约下，投资者可退出，并享有固定收益。公司可以在约定的期限内使用债务融资，但必须履行按期还本付息的偿债责任，财务风险较高，由于债权人要求的是固定收益，因此公司的资本成本较低。公司的全部资本可分为债务性资本和权益性资本，对于债务性资本，公司可以采用长期借款、发行债券和融资租赁等融资方式来筹集。对于权益性资本，公司可采取发行优先股、发行普通股等融资方式筹集。

（十）本国货币融资和外币融资

融资方式按照融资的计量币种的不同，分为本国货币融资和外币融资。

1.本国货币融资

本国货币融资是指公司采用本国货币进行的融资。这种融资方式的融资和偿还均以本国货币计量和进行，因此不受外币汇率变动的直接影响。对于大多数公司而言，本国货币融资是最常见和最基本的融资形式，因为它涉及的货币和经济环境与公司的主要运营活动一致。本国货币融资简化了财务管理流程，避免了涉外交易可能带来的复杂性和额外成本。对于那些在国际市场上有广泛业务的公司，仅依赖本国货币融资可能无法满足其全球运营的资金需求。

2.外币融资

外币融资是指公司采用外币进行的融资。这通常发生在跨国公司或在国际市场上运营的公司，它们需要使用外币来满足在不同国家的经营活动和投资需求。外币融资能提供更广阔的融资渠道和更有利的融资条件，如较低的利率或更灵活的借贷条件。外币融资有助于公司对冲货币风险，尤其是当公司的收入和费用以不同的货币计量时。通过外币融资，公司可以匹配其收入和负债的货币种类，从而减少汇率变动对公司财务的影响。外币融资带来了汇率风险。汇率波动会影响债务的实际成本和偿还额。外币融资涉及国家间的经济政策、法律法规差异，以及国际支付和结算的复杂性。因此，公司在选择外币融资时需要仔细评估汇率变动的潜在影响，并采取相应的风险管理措施。

（十一）扩张性融资、紧缩性融资和调整型融资

融资方式按照融资对借款人的资本结构的影响，分为扩张性融资、紧缩性融资和调整型融资。

1. 扩张性融资

扩张性融资是一种扩大公司资本结构规模的融资方式。通过这种融资，公司能够增加其总资产和运营规模，进而支持业务的扩展和增长。扩张性融资通常涉及发行新股票或增加债务，以筹集资金用于新项目、市场扩张、资产购买或研发投资等。这种融资方式有助于公司快速进入新市场或发展新业务，但可能增加公司的财务风险。

2. 紧缩性融资

紧缩性融资是一种缩减或稳定公司资本结构规模的融资方式。这种融资方式常用于公司面临财务困境或希望减少负债水平的情况。紧缩性融资通过减少债务或重新调整资本结构来降低财务风险和改善财务状况。这包括偿还现有债务、回购股票、停止或减少新的借款。紧缩性融资虽然有助于减轻公司的负债压力，但它可能会限制公司的扩张能力。

3. 调整型融资

调整型融资是一种优化公司资本结构的融资方式。这种融资方式不像扩张性融资或紧缩性融资那样专注于资本结构规模的增减，而是着重于改善财务结构和提高资本边际效率。调整型融资包括更换不同类型的债务、调整债务和权益的比例、重新谈判借款条件等。通过调整型融资，公司可以实现更合理的资本成本、降低财务风险、改善现金流量状况。

（十二）保持距离型融资和控制取向型融资

融资方式按照融资与公司治理结构的关系，分为保持距离型融资和控制取向型融资。

1. 保持距离型融资

保持距离型融资的投资者与公司的日常运营和决策保持一定的距离。在这种融资方式下，投资者通常不直接参与公司的管理和运营，他们更关注投资的财务回报。这种融资方式包括传统的银行贷款、发行债券等。在这些情况下，投资者对公司的控制权影响较小，他们的主要关注点是资金的安全性和预期收益。保持距离型融资允许公司管理层保持对公司的完全控制，避免外部干预公司的战略决策和运营模式。在公司面临财务或运营问题时，这种融资方式可能导致投资者与公司之间在目标和期望上存在一定的脱节。

2. 控制取向型融资

控制取向型融资是指投资者在融资中对公司拥有一定程度的控制权或影响力。这种融资方式常见于风险投资等。在这些情况下，投资者不仅提供资金，还可能参与公司的管理决策，或对公司的运营策略和方向提供指导。控制取向型融资的投资者往往能够提供宝贵的资源、专业知识和行业经验，帮助公司优化管理和增强竞争力。这种紧密的合作关系有助于确保投资者和公司的目标一致，从而促进公司的长期发展。这种融资方式可能会限制公司管理层的独立性和灵活性，因为投资者可能会对公司的某些决策产生影响。投资者和公司管理层之间可能存在目标和管理风格的冲突。

（十三）配合性融资、保守性融资和激进性融资

融资方式按照融入资金在公司流动资金中所占比例或融入资金与公司资产的匹配情况的不同，可以分为配合性融资、保守性融资和激进性融资。

1. 配合性融资

配合性融资的特点是：运用临时性负债满足公司临时性流动资产的资金

需求，运用长期负债和权益资本满足公司永久性流动资产和固定资产的资金需求。即短期资产由短期资金来形成，长期资产由长期资金来形成，融入资金与公司资产相匹配。[①] 配合性融资能减少财务成本并避免过度融资或资金短缺的风险。这种融资方式适合那些对资金需求有明确计划且希望保持资产和负债平衡的公司。

2. 保守性融资

保守性融资是指公司在融资决策上持保守态度，倾向于使用较少的债务融资，更多依靠自有资金或股权融资。这种融资方式通常意味着公司的借款水平较低。保守性融资策略适用于那些厌恶风险、强调稳定经营的公司。虽然这种融资方式可以降低财务风险，但可能限制公司的扩张速度和盈利潜力，因为这种融资方式可能无法充分利用财务杠杆的优势。

3. 激进性融资

激进性融资是指公司更倾向于使用债务融资，而不是股权融资或内部留存收益。这种融资方式允许公司通过利用财务杠杆来追求更高的盈利潜力，但带来了更高的财务风险。在激进性融资方式下，公司会承担较高的债务水平，以支持其扩张计划或投资项目。这种方式虽然可以在短期内增加公司的盈利能力，但使公司对市场波动和利率变化更加敏感，增加了公司出现财务危机的风险。激进性融资适用于那些寻求快速增长并愿意承担相应风险的公司。

二、公司融资渠道

公司融资渠道是指公司取得资本的来源或通道。公司在融资时应对融资渠道进行分析，了解各种渠道资本的存量与流量大小，以促使公司正确、合理地利用融资渠道。常见的融资渠道有以下几种：

---

① 段建新，谢亚伟. 融资理论与实务［M］. 郑州：河南人民出版社，2011：25.

（一）财政资金

财政资金作为公司融资的一种渠道，主要指政府为了支持特定行业或领域的发展，通过各种财政政策工具提供的资金。这一渠道通常适用于那些被视为具有战略重要性的领域，如能源、基础设施、高新技术等领域。财政资金的形式包括直接的资金拨款、税收优惠、补贴、低息贷款等。公司通过这种方式获得的资金通常有助于公司的长期稳定发展。这种融资渠道通常伴随着严格的要求，如项目必须符合国家发展规划、行业政策或特定的资格标准。财政资金的分配存在一定的不确定性。

（二）银行信贷资金

银行信贷资金作为公司融资的来源渠道，其主要供给方式包括信用贷款、抵押贷款、担保贷款、贴现贷款、项目贷款、信托贷款、融资租赁等。银行信贷可以根据借款期限的长短分为短期贷款、中期贷款和长期贷款。银行信贷的适用性比较广泛，而且稳定性比较好。银行提供的多样化贷款产品可以满足公司不同的资金需求。银行信贷通常要求公司提供一定的抵押或担保，并且贷款条件和利率会受到公司财务状况、信用记录和市场利率变动的影响。公司在利用银行信贷时需要评估自身的偿债能力和财务状况，以避免财务风险的加剧。银行信贷的申请和审批过程相对复杂，且需要的时间较长，公司在选择这种融资渠道时需要考虑这些因素。

（三）其他金融机构资金

除了传统银行之外，公司还可以通过其他金融机构获得资金，如信托公司、证券公司、保险公司等。这些机构提供了不同于传统银行的融资产品，能够满足公司更加多样化的融资需求。例如，信托公司提供基于特定资产的融资方案，证券公司参与公司的股权融资或债券发行，而保险公司则提供与保险相关的融资产品。这些金融机构通常具有更高的灵活性和创新性，有时能够提供传统银行无法提供的融资解决方案。公司在通过这些渠道融资时，会面临不同于传统银行的风险和成本考量。每种金融机构都有其特定的融资产品特征、风险评估标准和成本结构，公司需要根据自身的具体情况和融资需求进行详细分析。

（四）民间资金

民间资金是指来自个人的融资渠道，例如私人债务等。这种融资渠道通常更加灵活，能够迅速地满足公司的短期资金需求，特别是对于那些无法从传统金融市场获得资金的小型公司或初创公司。民间资金的审批过程简单快捷，手续相对较少。民间资金通常伴随着较高的融资成本，比如更高的利率，因为提供资金的个人或机构通常会因承担更高的风险而要求更高的回报。民间融资由于缺乏正规监管，存在一定的法律和信用风险。公司在考虑使用民间资金时，需要仔细评估这些潜在风险，并确保融资的合法性和安全性。

（五）公司自有资金

公司自有资金是公司内部形成的资金，包括公司的留存收益、自有资本、累积的折旧和摊销基金等。公司使用自有资金进行融资不增加额外的财务负担，因为这些资金来源于公司的内部运营活动。公司自有资金作为融资的来源，有助于保持公司的财务独立和避免对外部资金的依赖。它也为公司提供了更大的运营灵活性，因为使用公司自有资金融资通常不会受到外部债权人的限制。完全依赖公司自有资金的融资限制了公司的发展速度，尤其是当公司面临大规模投资需求时，仅靠公司自有资金可能无法完全满足这些需求。

（六）其他公司资金

其他公司资金也能为公司提供一定的资金，如公司间的贷款、合资公司、战略投资，或通过收购获得的资金等。例如，两家公司通过建立合资公司的方式共同投资一个项目，或者一家公司向另一家公司提供贷款以支持其运营活动。这一融资渠道可以基于合作双方的共同利益和业务协同效应。这种融资渠道通常涉及长期的业务合作关系，为公司带来资源共享和市场拓展的机会。这种融资渠道带来额外的复杂性，因为它涉及不同公司间的协议和协调。在选择这种融资渠道时，公司需要评估合作双方的战略目标、财务状况，以及合作的潜在风险和收益。

（七）国际市场

国际市场是公司融资的一个重要渠道。在全球化的经济背景下，国际市场为公司提供了广阔的融资机会和多样化的金融工具。公司通过国际市场获得所需资金的主要方式包括国际金融组织贷款、国外商业银行贷款、出口信贷、国际债券、国际股票、外国直接投资、国际贸易融资等。

国际市场融资提供了更大的资金池和更广泛的投资者基础。公司可以利用不同国家和地区的资本市场条件，选择最合适的融资时机和方式。国际市场上的融资成本在某些情况下可能低于本国市场，尤其是当本国市场的利率相对较高时。国际市场还能为公司提供多种货币的融资选项，有助于公司进行汇率风险管理和全球资金配置。不过，国际市场融资为公司带来了额外的风险。首先，跨境融资涉及复杂的国际法规和市场规则，公司需要具备相应的国际融资知识和经验。其次，汇率变动可能对融资成本和还款义务产生显著影响。最后，国际融资可能使公司面临来自不同国家的政治和经济风险，如外汇管制等。因此，公司在利用国际市场进行融资时需要仔细评估这些风险，并采取相应的风险管理措施。

三、融资方式与融资渠道的关系

融资方式解决的是通过何种方式取得资本的问题，融资渠道解决的是资本来源的问题，它们之间的关系是密不可分的。同一融资方式可能适用于多种融资渠道，也可能只适用于某一特定的融资渠道；同一渠道的资本也可能采用不同的融资方式取得。因此，公司在筹集资本时，必须将两者结合在一起使用。

第三节　公司融资环境

公司融资环境是指影响公司融资工作的要素的总和。研究公司融资环境对做好公司融资工作具有重大的意义。公司融资环境十分复杂，本节主要介绍公司融资的经济环境、法律环境和金融环境，如图 1-2 所示。

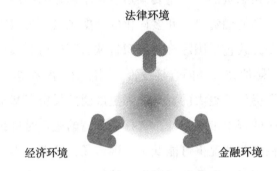

图 1-2　公司融资环境

一、经济环境

融资的经济环境主要包括经济周期、通货膨胀、财政收支、经济政策等因素。

（一）经济周期

经济周期是指经济活动在一定时间内呈现的规律性波动，包括扩张、高峰、衰退和低谷等阶段。这种周期性变化对公司的融资环境产生重要影响。

1.扩张阶段

经济扩张阶段的特征通常为市场信心增强和公司盈利能力提升。在这个阶段，由于经济活动活跃、消费和投资增加，公司通常会经历收入和利润的增长。这种积极的经济环境使公司更容易吸引投资者，更容易获得贷款。资本市场对新股和债券的需求增加，使公司可以通过发行股票和债券来筹集资金。银行在这种环境下更愿意向公司提供贷款，因为公司的偿债能力强，贷款风险较低。因此，扩张阶段通常是公司融资最为便利的时期。

2. 高峰阶段

当经济达到高峰时，公司的盈利能力可能达到最高点，但伴随着经济过热和通货膨胀的风险。为了控制通货膨胀，央行会采取货币紧缩政策，如提高利率。利率的上升增加了借贷成本，尤其对于那些依赖浮动利率贷款的公司。高利率抑制投资者对债券的需求，因为他们需要寻求更高的回报以抵消通货膨胀风险。尽管公司盈利能力强，但在这种环境下融资成本的上升可能会对公司的融资策略产生重要影响。

3. 衰退阶段

经济进入衰退阶段时，市场信心下降，消费和投资减少，这些变化导致公司收入和利润下滑。在经济衰退阶段，公司融资变得更加困难。银行会收紧贷款条件，增加借贷的难度。资本市场对新股和债券的需求也会减少，因为投资者对未来的经济前景持谨慎态度。在这种情况下，公司不仅面临营收下降的压力，而且难以通过传统的融资渠道筹集资金。

4. 低谷阶段

当经济处于低谷阶段时，尽管融资成本因为低利率而下降，但由于经济前景不明朗，投资者通常会变得更加谨慎。投资者对风险较高的投资，如股票和高收益债券，持谨慎态度。因此，即使融资成本低，公司在这种环境下筹集资金的难度仍然很高，可能需要寻找非传统的融资方式或依赖内部融资来维持运营。

（二）通货膨胀

通货膨胀是指货币的购买力下降，通常表现为物价普遍上涨的经济现象。这种现象对公司的融资有着直接和间接的影响。

1. 通货膨胀的概念

通货膨胀通常由货币供应过剩、生产成本上升、需求增加或供给不足等因素引起。这导致货币的实际价值下降，购买同样数量的商品和服务需要更多的货币。

2. 通货膨胀对公司融资的影响

一是通货膨胀会使公司融资成本上升。在通货膨胀环境下，银行通常会提高贷款利率，以补偿贷款中货币价值减少的风险。这导致公司借贷的成本增加，特别是对于那些与市场利率挂钩的浮动利率贷款。高利率使融资成本更高，从而影响公司的资本结构和投资决策。在这种情况下，公司可能会寻求其他融资方式，以避免高利率的影响。

二是通货膨胀会使公司债务负担减轻。对于已经承担的固定利率债务，通货膨胀实际上可以减轻公司的债务负担。这是因为随着时间的推移，固定金额的债务在通货膨胀环境下的实际价值减少。例如，如果一家公司有固定利率的长期债务，在通货膨胀期间，其还款的实际财务负担会降低，因为债务的债券面值不变，而货币的购买力下降了。这种情况下，债务相对于公司的总资产和收入而言变得较小，从而降低了债务负担。

三是通货膨胀会影响投资者行为。通货膨胀对投资者行为产生显著影响，尤其是对于寻求固定收益的投资者。当通货膨胀率升高时，固定收益投资（如债券）的实际回报率会下降，因为未来的利息支付和本金偿还的实际购买力降低。这可能导致投资者转向寻求更高收益的投资机会，如股票或其他风险较高的投资。这种情况迫使公司在融资策略上进行调整，公司应更多地依赖股权融资，而不是债务融资。

四是通货膨胀通过影响公司经营间接对公司融资产生影响。在通货膨胀环境下，公司的运营成本如原材料和劳动力成本会上升。如果公司能够有效地将这些成本上涨转嫁给消费者，公司通过提高产品或服务的价格来维持利润率，那么通货膨胀不会对其融资产生负面影响。如果市场竞争激烈或消费者对价格敏感，公司将无法完全转嫁这些成本，导致利润率下降。在这种情况下，公司需要更多的资金来维持运营，从而对公司融资产生影响。

（三）财政收支

财政收支是指政府的收入和支出活动。财政收入主要来自税收，包括个人所得税、公司税、销售税等。财政支出则涵盖了政府的各项公共服务支出，如教育、卫生、国防、基础设施建设等。财政收支具有集中和分配资金的作用，从资金流动上可以将财政收支看成融资，需要指出的是财政这种融资有的是通过行政手段实现的，有的是通过市场手段实现的。前者如税收与拨款，后者如公债收入和财政贷款。行政手段与市场手段的比例不仅关系到财政职能作用的发挥，而且对融资也会产生很重要的影响。一般来讲，财政通过市场手段实现收支的规模越大，融资就越活跃，金融市场越发达。反之，金融市场比较狭小，甚至无所谓金融市场。

（四）经济政策

1. 经济政策的概念

经济政策是政府为了影响或控制经济的发展而采取的一系列措施，主要包括货币政策和财政政策。货币政策主要涉及中央银行对货币供应量和利率的控制，以达到总需求与总供给趋于理想的均衡。财政政策涉及政府的支出和税收政策，旨在控制通货膨胀、促进就业和维持经济增长的稳定性。

2. 经济政策对公司融资的影响

一是货币政策。中央银行的货币政策通过调整利率和控制货币供应量，对公司融资产生重要影响。在实施宽松货币政策时，如降低利率和增加货币供应，公司融资成本会下降。降低的利率减少了融资成本，提高了投资项目的净现值，从而激励公司进行更多的投资。此外，宽松货币政策通常伴随着股市的上涨，这为公司通过股权融资提供了有利条件。在紧缩货币政策下，如提高利率和减少货币供应，公司融资成本会上升。高利率增加了融资成本，从而抑制公司的投资和扩张活动。紧缩货币政策导致资本市场收紧，增加公司通过股票和债券筹集资金的难度。

二是财政政策。政府的税收和支出政策对公司融资有深远的影响。税收政策，特别是对公司税率的调整，直接影响公司的净利润和可用于再投资的现金流量。税收减免或优惠政策可以提高公司的盈利能力，增加其自由现金流量。政府的支出政策，尤其是对基础设施和公共服务的投资，可以为私营公司创造新的商业机会。政府项目的增加通常会带动相关行业的增长，增强公司的市场前景和盈利潜力，从而吸引更多的融资机会。政府财政赤字的扩大需要通过提高税收或减少支出来平衡，这会对公司的长期融资和投资决策产生负面影响。

经济政策的不确定性也会对公司的融资环境产生负面影响。政策的不确定性会增加市场的风险厌恶情绪，导致投资者和贷款机构更加谨慎，从而影响公司的融资能力。

二、法律环境

公司融资的法律环境是指一系列影响和规范公司融资的法律和法规体系。这些法律和法规从多个方面对公司的融资施加影响，为公司融资提供了规范的框架和指导原则，具体如图 1-3 所示。

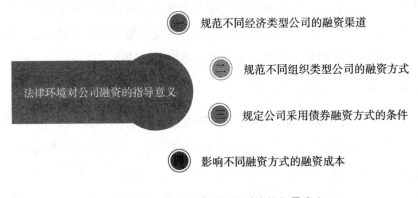

规范不同经济类型公司的融资渠道

规范不同组织类型公司的融资方式

规定公司采用债券融资方式的条件

影响不同融资方式的融资成本

法律环境对公司融资的指导意义

图 1-3　法律环境对公司融资的指导意义

（一）规范不同经济类型公司的融资渠道

法律根据公司的经济类型设定不同的融资渠道规范。这些规范影响着各类公司获得资金的方式和范围。法律规定会限制某些类型公司的融资方式。

这些规定影响公司的融资策略,决定了它们如何筹集资金,以及可获得资金的多少和成本。

(二)规范不同组织类型公司的融资方式

法律根据公司的组织形式(如有限责任公司、股份有限公司等)设定融资方式的规范。不同的法律结构意味着不同的股权结构和债务承担方式,对应不同的融资选择。例如,有限责任公司在吸引风险投资方面具有优势,而股份有限公司更容易在公开市场发行股票。这些法律规定还涉及股东权益保护、债务偿还优先权等关键问题,直接影响融资的吸引力和公司的资本结构。

(三)规定公司采用债券融资方式的条件

法律明确规定了公司发行债券所需遵守的条件。这些规定确保债券市场的健康发展,保护投资者利益。严格的法律规定提高了公司债券发行的门槛,只有信誉良好的公司才能通过债券融资。这种规定影响公司选择债券融资的可能性,决定了融资的难易程度和速度。

(四)影响不同融资方式的融资成本

法律环境通过税收政策、交易费用、合规成本等方面影响不同融资方式的成本。例如,某些融资方式享有税收优惠,降低了公司的实际融资成本。合规成本,如遵守信息披露规定和其他法规的成本,也是一个重要因素。高合规成本可能会使某些融资方式变得不划算,尤其是对于小型和中型公司。此外,法律和法规的变化,如增加的监管要求或新的金融法规,可能会对融资成本产生直接影响,从而改变公司选择特定融资方式的决策。

三、金融环境

金融环境是公司融资最直接的外部环境,对公司的融资具有十分重要的意义。一般说来,金融环境包括金融市场和金融机构。

（一）金融市场

1.金融市场的概念

金融市场是经济系统中的一个关键组成部分，它是指资金供需双方进行交易的场所，这里的交易包括资金、金融资产等。金融市场有广义和狭义之分。在广义上，金融市场包括所有资金供需的交易场所，如传统的银行贷款市场、股票市场、债券市场、货币市场和衍生品市场等。狭义的金融市场专指证券发行和买卖的场所，其典型形式为证券交易所。

2.金融市场的分类

金融市场的种类繁多，目前通用的分类标准有以下几种：

一是按交易标的物划分，金融市场可以分为货币市场、资本市场、衍生品市场、外汇市场。在货币市场上，交易的主要是短期（通常一年以内）的金融工具，如国库券、商业票据、存款证书和隔夜贷款等。这个市场通常用于处理短期的资金需求和流动性管理。资本市场涉及更长期的金融工具的交易，包括股票和长期债券。这个市场通常用于长期资金的筹集。在衍生品市场上，交易的是衍生金融工具，如期货、期权、掉期和各种复杂的结构化金融产品。这些工具通常用于风险管理、投机和套利。外汇市场涉及各国货币的交易。这是一个全球性的市场，用于兑换和交易不同国家的货币。

二是按交易对象是否为新发行划分，金融市场可以分为一级市场、二级市场。一级市场是指金融工具（如股票和债券）的新发行市场。在这个市场上，公司和政府首次发行股票和债券，直接从投资者那里筹集资金。一级市场进行的交易通常是发行人和投资者之间的直接交易。二级市场是已经发行的金融工具的交易市场。在这个市场上，投资者之间进行股票、债券等金融资产的买卖。二级市场为金融资产提供了流动性和价格发现的机制。

三是按交易中介划分，金融市场可以分为直接融资市场、间接融资市场。在直接融资市场中，资金的供需双方直接进行交易，无须金融机构参与，如私募市场等。在私募市场中，资金的借贷和投资直接在借款方和出借方之间发生。间接融资市场依赖金融机构，如银行、保险公司等，这些金融机构在资金的供需双方之间起到桥梁作用。在这种市场中，个人和机构通常把资金存入或投资这些金融机构，由金融机构进一步将这些资金贷给需要资金的个人或公司。

四是按地域范围划分，金融市场可以分为国内市场、国际市场。国内市场是指在单一国家或特定地理区域内进行的金融交易。在这种市场中，参与者主要是该国家或地区的居民和公司，交易的货币通常是本国货币。国际市场涉及跨国家和地区的金融交易。这类市场的参与者包括不同国家的投资者和机构，涉及多种货币。国际市场包括国际股票市场、世界债券市场、国际外汇市场等。

五是按有无固定场所划分，金融市场可以分为场内市场、场外市场。场内市场是指有固定交易场所和标准化操作流程的市场。这类市场通常通过交易所进行，如股票和期货交易所。在场内市场中，所有交易都遵循交易所的规则，确保交易的透明度和公平性。场外市场是指没有固定交易场所的市场，交易双方直接或通过经纪人进行交易。场外市场的特点是灵活性高、定制化强。交易产品包括场外衍生品（如场外期权和掉期）和非标准化债券等。由于缺乏集中化的交易所，场外市场通常不如场内市场那样透明。

六是按交割期限及交割方式划分，金融市场可以分为现货市场、期货市场、期权市场。现货市场主要处理即时交易或者在交易后很短时间内完成交割的金融产品。在现货市场中，商品、证券或其他资产的交易和交割几乎是同时发生的，通常在交易后的两个工作日内完成。这种市场的交易具有快速性和即时性的特点。现货市场广泛涉及股票、债券、外汇和商品等多种资产类别。在期货市场，买卖双方同意在未来的特定日期以今天确定的价格交易某种资产。期货合约是标准化的，详细规定了交易数量、品质和交割日期。这些合约在期货交易所中交易。期货市场的主要功能是允许参与者对冲价格风险和进行投机。例如，农业生产者可以使用期货合约来锁定他们未来产品的售价，从而减少价格波动的风险。投资者也可以利用期货市场来投机某种资产的价格变动。期货市场对于价格发现和风险管理具有重要作用，是全球金融市场的关键组成部分。期权市场允许投资者交易期权合约。期权是一种衍生工具，它赋予持有人在未来的某个日期以特定价格购买或出售基础资产的权利，但不是义务。期权市场提供了灵活性和杠杆效应。期权合约分为看涨期权和看跌期权，分别代表购买和出售基础资产的权利。投资者可以通过期权进行多种策略，如对冲、保险或纯粹的投机。期权是风险管理和投资策略中的重要工具。期权市场的复杂性较高，通常需要投资者具有较为丰富的金融知识和经验。

七是按价格形成机制划分，金融市场可以分为集中竞价市场、撮合交易市场。在集中竞价市场中，所有的买卖订单集中在一个地方，如股票交易所，通过竞价的方式确定价格。这种市场的所有交易信息公开透明，买卖双方的订单都在一个集中的系统中显示，交易价格由市场供求关系决定。撮合交易市场是通过交易商或者做市商来撮合买卖双方的订单。在这种市场中，做市商为特定的金融产品提供买入和卖出的报价，买卖双方通过做市商来进行交易。外汇市场和许多债券市场就是典型的撮合交易市场，交易通常在参与者和做市商之间进行，而不是在公开的交易所中。撮合交易市场的交易快速和灵活，做市商提供流动性，使买卖双方可以随时执行交易。但相比集中竞价市场，撮合交易市场的透明度较低，因为交易价格主要由做市商的报价决定。

3. 金融市场的特点

金融市场的交易对象具有特殊性，包括头寸、票据、债券、股票等金融工具。这些商品与传统的物质商品不同，它们代表了资金或资产的所有权、债务关系或股权。

金融市场具有价格一致性。这是由于市场上广泛的信息共享和高度的竞争，使相似或相同的金融产品在不同交易者之间的价格差异最小化。

金融市场的交易活动往往在某些特定区域或系统内集中进行，如证券交易所。随着电子交易的发展，实体交易场所的重要性逐渐减弱，交易活动更多地在虚拟空间中进行。

金融市场是一个充满竞争的市场，众多参与者（如投资者、金融机构、公司等）在其中自由地买卖金融产品，价格由市场供求关系决定。

金融市场上的交易主要反映了借贷关系，资金的所有权和使用权分离。投资者通过购买债券或股票，实际上是提供资金给需要资金的公司或政府，而后者承诺未来的回报。

现代金融市场高度依赖信息，信息的质量、传播速度和传播方式对市场的运作和效率有着决定性影响。交易者通过分析和利用信息来做出投资决策。

金融市场的参与者包括各种类型的个人、家庭、公司和其他组织，他们根据自己的需求和目标进行交易，增加了市场的复杂性和动态性。

4.金融市场的功能

一是资本积累功能。金融市场通过吸引并集中社会闲散资金，将这些资金转化为投资，从而促进资本形成。在这个过程中，储蓄被转换为投资，促进了资本的增长和积累。金融市场提供了多种金融工具和产品，如股票、债券、基金等，使投资者可以将其资金投入各种经济活动中。这不仅能帮助公司和政府筹集必要的资金以扩大生产和进行基础设施建设，也为投资者提供了资本增值的机会。通过金融市场的高效运作，资金能够快速流动。这加快了资本的积累过程，为经济发展和技术创新提供了强有力的支持。因此，金融市场在推动社会总体资本积累、促进经济增长方面发挥着不可替代的作用。

二是资源配置功能。金融市场能够有效地将资金从手中有余的单位（如个人储户、资本富裕的机构）转移至需要资金的单位（如资金匮乏的公司）。这种资源的有效配置是通过金融市场上的投资活动实现的，例如股票和债券交易。金融市场提供的这种机制，不仅使资金能够流向最有生产力和最具增长潜力的领域，还能促进整体经济效率的提升。投资者在选择投资项目时会考虑收益率、风险等多种因素，这种选择过程本身就是一种资源配置的优化。金融市场通过提供各种金融产品和服务，如信贷、保险和衍生产品等，帮助个人和公司管理风险，进一步优化资源配置。因此，金融市场在优化资源配置、提高经济效率和促进经济增长方面发挥着关键作用。

三是经济调节功能。金融市场在经济调节方面发挥着重要作用，主要体现在它对经济周期的影响和对宏观经济政策的传导效应上。通过调节利率和信用供应，金融市场可以影响总需求、投资和消费行为，从而在一定程度上平抑经济的波动。例如，中央银行通过操作基准利率，可以影响金融市场的利率水平，进而影响公司的投资决策和消费者的消费倾向。金融市场是政府实施财政政策的重要平台。政府通过发行债券等方式在金融市场筹集资金，用于公共支出和投资，这些活动直接影响经济的总需求和总产出。金融市场通过资产价格的变动反映出市场对未来经济形势的预期，这种预期会影响公司和个人的经济行为。因此，金融市场在调控经济、平衡供需、控制通货膨胀和促进经济稳定增长方面起着重要的作用。

四是经济反映功能。金融市场能够准确地反映经济状况和经济变化趋势。金融市场上的价格变动，如股票和债券价格的波动，不仅反映了市场对于单个公司或整个行业的看法，还反映了市场对整体经济状况的评估。例如，股市的整体走势常被视为经济健康状况的晴雨表。当市场预期经济将增长时，股市往往呈上升趋势；相反，如果市场预期经济将衰退，股市通常会下跌。金融市场上的利率水平、货币汇率和商品价格为分析经济提供了重要信息。例如，长期利率的上升预示着未来的通货膨胀或经济增长放缓。通过分析这些金融变量，政策制定者、投资者和经济学家可以更好地理解当前的经济状况，也可以更好地预测未来的经济趋势。因此，金融市场在提供经济信息、帮助经济决策和预测经济走势方面扮演了关键角色。

（二）金融机构

社会资金从供应者手中转入需求者手中，大多要通过金融机构来实现。从不同的角度分类，我国金融机构主要包括以下几类：

1. 银行机构和非银行金融机构

银行机构，作为现代金融体系的核心和主体，其发展和演进反映了整个商品货币经济的进程。起初，银行的前身主要是从事货币经营业务的机构，随着经济的发展和复杂化，这些机构逐渐演变成为今天人们所熟悉的银行。银行机构的发展历程可以分为从早期的货币经营业务到早期银行，再到现代银行的多阶段演进。在这个过程中，银行的职能和服务范围不断扩大，从简单的货币交换和保管，发展到复杂的贷款、投资、资产管理等多元化金融服务。

在职能上，银行机构可以划分为中央银行、商业银行和专业银行三大类。中央银行是一个国家的货币当局，负责制定和执行货币政策，维护金融稳定，监管银行系统。中央银行通过控制货币供应量、设定基准利率等手段影响整体经济。中央银行扮演着"银行的银行"和"最后贷款人"的角色，为商业银行提供流动性支持，确保金融系统的平稳运行。商业银行是最常见的银行类型，主要面向公众提供存款、贷款、转账、支付、结算等服务。商业银行是连接储户和借款人的重要桥梁，通过吸收公众存款和向个人、公司提供贷款，促进资金的有效流通和使用。商业银行的运作对经济活动至关重要，它们直接影响着信贷、投资和消费等经济领域。专业银行是指那些专注于特定金融服务领域的银行，如农业银行、进出口银行等。这些银行通常为特定行业提供专门化的金融产品和服务，满足特定客户群体的需求，促进相关行业的发展。

非银行金融机构是指银行机构以外的其他经营金融业务的机构。非银行金融机构以接受信用委托、提供保险服务、从事证券融资等不同于银行的多种业务形式进行融资，以适应市场经济多领域、多渠道融资的需要，并成为各国金融体系中重要的组成部分。非银行金融机构主要包括保险公司、证券公司、信用合作社等。

2. 存款类金融机构和非存款类金融机构

存款类金融机构主要是指那些提供存款服务并以此为基础进行各种其他金融活动的机构，如各类银行。这些机构的核心业务是接受公众存款和发放贷款。存款类金融机构对于整个金融系统和经济运行很重要，它们通过吸收储户的资金，然后将这些资金以贷款的形式提供给需要资金的个人或公司，从而促进了资金的有效流通和使用。这种转换过程对于经济增长、消费者信贷和公司投资等方面具有重要影响。除了基本的存贷款服务外，这些机构还提供包括资产管理、支付和结算服务、外汇交易等多种金融服务。在风险管理方面，存款类金融机构通常受到严格的监管，以确保存款人的利益。

非存款类金融机构不接受传统意义上的储蓄存款，它们提供的服务更加多样化，包括保险、证券交易、投资管理、退休基金管理和财富管理等。这类机构的融资方式通常依赖资本市场，如发行债券或股权融资。非存款类金融机构在资本市场的深化和风险管理方面发挥着关键作用。例如，保险公司通过提供风险保障，降低了个人和公司面临的财务风险。投资银行和证券公司则在资本市场提供投资和咨询服务，帮助公司筹集资金和进行资本结构优化。这类机构还包括专注于特定市场或客户群体的金融服务提供商，如私募股权基金和风险投资机构，它们为创新公司和小型公司提供资本，支持经济多元化发展。非存款类金融机构的多样性和专业化为金融市场的稳定和经济增长提供了重要支持。

第二章　公司融资管理及数量的预测

第一节　公司融资的原则

融资是非常普遍的经济活动，它可以大大促进经济的发展。为保证融资的顺利开展，维护融资各方的利益，通过融资推动经济的发展，公司在融资中应遵守一定的原则。这些原则包括公司融资的总体原则、资金供给的原则和资金需求的原则。

一、公司融资的总体原则

公司融资的总体原则是指在融资中所有参与方应遵循的基本要求，包括互利性原则、合法性原则、诚信原则、公平性原则、灵活性原则和风险管理原则，如图2-1所示。这些原则共同构成了融资决策和行为的基础框架，确保融资在各方利益、法律遵循、信任建立、公正处理、适应性调整和风险控制等方面的均衡和有效性。公司融资的总体原则为融资提供了指导，确保了融资的顺利进行，维护了参与各方的利益和市场的整体健康。

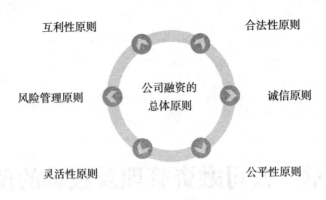

图 2-1　公司融资的总体原则

（一）互利性原则

互利性原则是融资中的一个重要原则，它要求融资的双方（投资者和借款人）既追求自身利益，也考虑对方的利益和需求，通过合理的协商和合作，实现共赢的局面。这一原则不仅有助于构建良好的融资关系，还能促进整个市场的健康发展。

从投资者的角度看，他们通过提供资金或技术，不仅期望获得直接的经济回报，如利润分成或市场份额的增加，还可能追求更广泛的利益，如建立长期的商业关系或获得政治上的友好关系。例如，在国际借贷中，投资者可能会考虑借贷带来的和平与友好关系的建立；在股票融资中，投资者可能关注的是经营权和对公司的影响力。借款人通过割让一定的利润和市场份额，换取所需的资金和技术支持。这种交换不仅是货币资金的获取，还包括对公司未来发展很重要的技术引进和市场扩展。借款人在融资中必须保证投资者的利益得以实现，比如在货币借贷中按时偿还本金和利息，在资源合作中履行合同义务。

当然，互利性原则并不意味着利益的平均分配，而是基于双方的协商、竞争，以及国家法律法规和国际惯例来确定的。这一原则的应用能够确保融资不仅遵循市场规律，而且符合道德和法律标准。在这个过程中，需要特别强调的是，投资者在提供资金和技术时，应当遵守国际认可的标准，不能利用融资转移对环境有害的技术或侵犯他人的资源和权益。借款人在获得融资后，应当严格遵守合约条款，保障投资者的合法利益，不应设置障碍或制造不必要的困难。

（二）合法性原则

在公司融资的全过程中，合法性原则是一个核心的指导原则，它要求所有融资必须严格遵循相关法律法规的规定。合法性原则的核心在于确保融资行为的正当性，无论是融资的方式、方法、资格还是条件，都应当符合法律法规的要求。这一原则的贯彻实施对于维护金融市场的秩序、保护投资者利益，以及促进融资的健康发展具有重大意义。

融资的合法性涵盖了融资的多个方面。例如，在借贷融资中，公司必须遵循相关的借贷条例；在进行股票融资时，公司必须严格遵守法律法规、上市公司和股票交易的相关规定；债券融资应符合债券发行交易的相关规定；贸易融资则需要遵循商业信用及进出口的相关规定。此外，国际融资要遵守涉及外资、外汇管理、外债管理，以及国际金融机构的规定。特殊融资方式，如彩票融资、融资租赁，以及资产证券化融资，必须依照各自的法律法规进行。这些法律法规不仅包括借款人所在国的法律，也包括投资者所在国的法律，还涵盖国际组织的协议和章程规定。这一原则的遵守对于确保融资的合法性很重要，防止非法集资和参与非法集资的风险。合法性原则的实施，对于保护投资者和借款人的合法权益，维护金融市场的稳定运行具有重大影响。

合法性原则的有效实施，建立在法律法规健全和执法严明的基础之上。因此，不断加强法律法规的建设、严格执法是支持和保障融资合法性原则的关键。强化法规框架和确保法律的严格执行可以为融资提供一个清晰、公正的法律环境，促进融资的健康和可持续发展。这不仅是融资双方的责任，也是监管机构和整个社会的共同任务。

（三）诚信原则

在公司融资的总体原则中，诚信原则占据了核心的地位。诚信是按照约定、承诺、惯例、道德，以及当事人的良知和正义感来开展经济活动。在市场经济体系中，诚信已成为一个基本的构成要素，支撑着交换经济的运行。所有经济活动，包括融资，都离不开诚信。

在融资中，诚信原则的遵守对于构建一个稳定、公正、高效的融资市场环境至关重要。首先，诚信原则是建立和维护市场信任的基石。诚信原则的遵循能够增强投资者和市场对公司的信任，增强投资者和债权人的信心。其次，诚信原则有助于预防法律风险和维护公司声誉。通过诚实地披露信息、遵守法律法规和合约承诺，公司可以避免法律纠纷和声誉损失。最后，诚信原则能促进公司长期稳定发展。在长期的经济活动中，持续的诚信行为能够积累无形资产，为公司带来长期的稳定和发展。

公司在融资中遵循诚信原则，需要在多个方面付诸实践。首先，公司要确保对外披露的信息准确无误，无论是财务报告还是关于公司运营的重要信息，都应真实、准确、全面。这种透明度能够增强投资者和市场对公司的信任。其次，公司应严格遵守约定和承诺。在融资协议中所作的任何承诺，无论是还款计划、股权分配还是利润分红，公司都应当得到充分履行。最后，在公司内部建立一套完善的诚信管理体系，公司确保各个层面上的决策和行为均符合诚信原则。

（四）公平性原则

公平性原则确保融资中各方的地位平等，确保交易坚持等价交换。融资的公平性不仅是一种道德要求，而且是法律对交易当事人赋予的权利和责任。从法律角度看，融资双方都应被视为独立的经济实体，享有法人资格。这种法律上的平等保证了融资中各方都能够在公平的基础上进行交易，无论是投资者还是借款人。

在经济活动中，融资双方的角色可能会发生变化，今天是投资者的公司，明天可能就成为借款人。这种角色的变动反映了市场经济中各经济实体之间相互依赖和相互作用的特点。因此，无论是投资者还是借款人，都不能利用自己的地位去欺压或者歧视对方。投资者不应以强凌弱，同样，借款人也不应卑躬屈膝，更不能在获得优势后表现出傲慢。

按照融资公平性原则，融资双方应互相尊重，以平等、公正的态度进行报价、谈判和签约。在交易中，双方都应平等地履行合同或协议的条款，没有任何一方可以欺骗、强制或歧视对方。这种平等原则的实施有助于维护融资市场的健康发展，保证交易的效率和公正性。值得注意的是，融资中的平等地位是建立在双方守法、守纪、守信的基础之上的。这意味着交易双方需要遵循法律规定，信守承诺，遵守交易规则。如果任何一方违约或不讲信誉，就会破坏公平交易的基础。在这种情况下，违约方将不得不承担相应的后果，如交易成本的上升或破产清算。

（五）灵活性原则

灵活性原则鼓励融资双方在面对履约过程中出现纠纷和争议时，应灵活应对，寻求合作与解决方案。融资通常具有长期性和复杂性的特点。生产经营的波动性和经济发展的周期性使资金运动存在不确定性，增加了履约的难度，甚至有可能导致违约。违约的原因繁复，在除了欺诈行为之外的其他形式的违约问题时，融资双方都可采取互谅、互利、互补、友好合作，以及灵活的态度来寻求解决问题的方法。例如，在发生债务危机时，融资双方可以选择破产清算或债务重组的方式来解决债务问题。虽然破产清算可以解决债权债务问题，但融资双方都可能遭受较大损失。相比之下，债务重组则可以在一定程度上保全资产，减轻或避免损失。总之，在某些情况下，适当的退让可以为双方带来更大的利益空间。

灵活性原则并不意味着无原则的让步。它的实施是建立在诚信的基础上的。融资交易的当事人不能利用灵活性作为逃避责任的借口，更不能将其作为欺骗对方的手段。融资双方在遵循诚信的前提下，根据实际情况和可能的变化灵活调整，寻求融资双方都能接受的解决方案。

（六）风险管理原则

在公司融资的总体原则中，风险管理原则是一个至关重要的组成部分。这一原则要求融资双方不仅需要了解和认识到融资中的风险，而且还必须采取相应的措施来化解这些风险。由于市场的不确定性和融资的复杂性，融资面临着多种风险，包括道德风险、政治风险、利率风险、汇率风险和信用风险等。对于借款人而言，他们可能还面临所有权风险、使用权风险和收益权风险等。这些风险是客观存在的，融资双方必须对它们有清晰的认识，并共同努力采取措施进行防范、转移和化解。

在风险管理过程中，融资双方可以采取各种措施来应对不同的风险。例如，为防范信用风险，融资双方可以通过保证和抵押等手段来减少风险；对于利率和汇率风险，融资双方可以采用互换交易来转移这些风险；而为了化解道德风险和政治风险，融资双方可以通过政府特许保险等方式来降低风险。融资双方通过调整资本结构，也可以降低所有权风险、使用权风险和收益权风险。

风险管理在融资管理中是一项长期且复杂的工作。由于客观环境的多变性，融资风险管理工作不可能一劳永逸。这要求融资双方在思想上重视风险管理，并加强风险管理的组织建设。只有通过持续的关注和适时的调整，融资双方才能有效地应对市场环境的变化和潜在的风险。

在公司融资的六个总体原则中，互利性原则是融资的目的，合法性原则是融资的保证，诚信原则是融资的基础，公平性原则是融资的条件，灵活性原则是融资的战略，风险管理原则是融资实施过程中应采取的基本措施。它们是相互联系的一个整体，缺一不可。

二、资金供给的原则

资金供给的原则是指投资者供给资金的基本原则，包括利益性原则和安全性原则。

（一）利益性原则

在资金供给的原则中，利益性原则扮演着核心的角色。投资者参与融资的目的是获得一定的收益。因此，确保投资者的利益是融资成功的关键因素。投资者的利益主要包括经济利益和政治利益。

投资者的经济利益通常通过现金支付或实物给付来实现。这种利益的实现方式直接关系到投资者参与融资的动机和目标，因此在融资协议中明确这些收益的形式和条件是至关重要的。例如，对于提供贷款的银行而言，其主要利益体现在收取的利息上；而对于股权投资者来说，他们更关注股利收益或公司价值的增长。投资者的政治利益通常通过新闻媒体、广告宣传等手段来实现。这些利益可能不会直接转化为经济收益，但在提升公司形象、建立品牌声誉，以及增强社会影响力方面发挥着重要作用。例如，一些公司通过投资社会责任项目，不仅在社会上树立了积极的形象，还因此获得政府的支持和市场的青睐。

在整个融资中，平衡并确保投资者的利益得到满足是非常重要的。这不仅有助于吸引和保持资金供应，还有利于建立长期的合作关系。借款人应充分理解和尊重投资者的利益诉求，通过透明和有效的沟通，建立互惠互利的合作关系。这种基于利益性原则的合作关系有助于降低融资风险，提高融资效率，同时为双方带来更大的利益。

（二）安全性原则

在资金供给的原则中，安全性原则是至关重要的。在进行融资时，投资者必须将资产的安全性和完整性作为首要条件，并应当特别注意融资风险问题。投资者在追求收益的同时，避免因小失大的情况发生。例如，投资者只追求略高的利息而忽视了投资风险，最终导致本金损失的情况。

遵循安全性原则意味着投资者在进行融资时需要进行周密的考虑和审慎的决策。这包括适当地选择投资地域、投资行业、投资部门、投资方式、投资金额和投资期限。每一个选择都涉及不同程度的风险，因此需要根据市场条件、自身的风险承受能力和投资目标来做出决策。确定合作伙伴和约定投资条件也是保障资金安全的重要环节。在确定合作伙伴时，考量对方的信誉、历史业绩和财务状况是非常必要的。投资条件的明确约定可以在一定程度上降低风险，确保投资的安全性。

从个别投资者的角度来看，不同的融资方式具有不同的风险特性。官方融资通常比民间融资更加安全，因为官方融资往往涉及更严格的审查和更可靠的保障机制。短期融资相比长期融资风险较小，因为短期内市场变化的不确定性较小。国内融资相对于国外融资来说风险较低，主要因为国内市场更加熟悉，法律和监管环境更加清晰。债权融资通常比股权融资安全，因为债权融资的回报和股权回收更有保障。证券化融资相较于账面或记账式融资更安全，间接融资比直接融资安全，抵押融资比信用融资安全，向劳动密集型产业投资相对于向资本技术密集型产业投资更为安全。

三、资金需求的原则

资金需求的原则是指借款人获得和使用他人资产时应遵循的原则，主要包括适度性原则和低成本原则。

（一）适度性原则

资金需求的适度性原则是确保融资顺利进行的关键。它要求借款人在融资中合理考虑融资金额、融资期限、融资方式、融资保证及融资约定条款，以确保融资既能满足其实际需求，又不超出其管理和偿还能力。通过合理的融资规划和协商，借款人可以有效地降低融资风险，优化资金使用，促进其业务的发展和增长。

融资金额的适度性是根据资金运行的缺口、借款人的管理运用能力、负债比率和资金供给等因素决定的。借款人在确定融资金额时，需要综合考虑自身的资金需求和还款能力，避免过度融资带来的财务压力和风险。融资期限的适度性涉及资金用途和双方的需求。不同的融资目的对融资期限的需求不同，如贸易融资和流动资金融资需要较短的期限，而开发建设项目融资则需要更长的融资期限。融资方式的适度性是指所采用的融资工具应当能够满足借款人资金来源广泛、稳定、成本低和偿还压力小的要求。例如，长期借贷融资通常是一种适度性较高的融资方式，因为它不仅成本低，而且来源广泛、稳定，使用限制较少。融资保证的适度性应根据融资期限和额度来确定。在融资期限短、金额较小时，可以采用信用保证而非财产抵押保证，以减少评估等额外费用。在融资约定条款方面，适度性原则要求借款人在谈判和签约时根据实际情况尽量使约定事项对自己有利。这是为了避免融资合同的条款对借款人的生产经营活动造成不必要的约束和限制。借款人应在保障投资者利益的同时，努力谈判以确保自身利益不受损害。

（二）低成本原则

在资金需求的原则中，低成本原则是极其重要的。借款人在进行融资时应致力于通过合法手段实现融资成本的最低化。降低融资成本不仅可以提高借款人的收益率，而且能够减轻借款人还本付息的负担。在实现融资成本最低化的过程中，借款人可以采取多种措施，如选择融资地点、选择融资货币和选择融资方式。

第二节　公司融资的程序

公司融资的程序涵盖了资金流通活动的全程，包括各项关键步骤和环节。从需要筹集资金的公司的视角来看，公司融资的程序如图 2-2 所示。

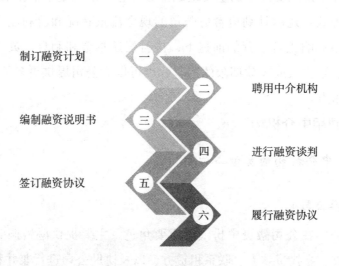

图 2-2　公司融资的程序

一、制订融资计划

制订融资计划是公司融资的第一步，它要求公司需要根据自身的经营状况、市场环境，以及融资目的来设计一个合理的融资方案。这个方案应详细阐述融资金额、融资成本、融资期限和还款计划等关键要素。

融资金额是计划中的核心，它直接影响公司能够获得的资金规模，以及未来的偿还压力。公司在确定融资金额时需要考虑项目的实际资金需求、预期的收益率，以及现有资本结构的优化。公司应确保融资金额既能满足项目实施的需要，又不会因为过度融资而增加公司财务风险。融资成本包括利息、手续费、咨询费等直接成本，以及可能的股权稀释、管理权变动等间接成本。公司在制订融资计划时需要评估不同融资方式的成本差异，选择成本最低的融资途径。融资成本会直接影响项目的投资回报和公司的利润水平，合理控制融资成本对于保障公司长期稳定发展至关重要。融资期限是指公司借入资金的时间长度，它应与项目的资金回收周期相匹配。选择适当的融资期限可以帮助公司平衡短期资金需求和长期偿债能力，避免因资金流动性不足而导致的财务危机。一般来说，长期投资项目的资金缺口应通过长期融资来解决，而短期营运资金缺口则应通过短期融资来解决。还款计划是融资计划的重要组成部分，它详细规定了借款的偿还时间、金额以及方式。还款计划应考虑公司的现金流量状况和盈利能力，确保公司能够在不影响正常运营的前提下，按时偿还本金和利息。灵活的还款安排，如提前还款权或还款期限的调整，也可以为公司提供更多的操作空间，减轻融资压力。

二、聘用中介机构

（一）中介机构的类型与作用

1.证券公司

证券公司在公司融资中扮演着重要角色，主要提供融资服务，包括帮助公司上市、寻找贷款人、联系租赁方，以及协助公司进行兼并和收购等活动。特别是在帮助公司上市方面，证券公司的作用尤为突出。在一些国家，这类服务的提供者被称为投资银行。证券公司以融资服务为专长，拥有广泛的资金渠道和对不同投资领域的深入理解。它们精通于各种资金的投资需求和项目要求，提供的强有力服务对于公司融资至关重要。通过与证券公司合作，公司可以有效地拓宽融资渠道，获取证券公司专业的市场分析和投资建议，从而更好地实现资金筹集和与资本市场的接轨。

2. 财务顾问

财务顾问为公司提供涉及私募融资或上市融资的全方位服务，包括资产重组、兼并收购等以公司增资为目的的资本运营和扩张活动。财务顾问的服务不仅限于为特定项目提供策略性建议，还涵盖了前期调查、财务评估、方案设计、条件谈判、协议执行和配套融资安排等专业化工作。除了项目具体服务外，财务顾问还能为公司提供长期的综合支持，涉及计划、财务、营销、技术、人才等多个方面。通过聘请财务顾问，公司能够获得更加深入和全面的资本运作指导，以及在各个层面上的战略规划和资源支持，从而促进公司的长远发展和市场竞争力的提升。

3. 投资顾问

投资顾问主要为境内外的投资者提供服务。他们的主要工作包括为投资者寻找、评估和选择投资项目、设计投资工具及执行操作计划。此外，投资顾问协助投资者进行必要的参与控制，帮助他们管理和控制投资风险，从而实现投资回报。这些服务对于投资者而言至关重要，因为投资项目的选择、评估和管理直接关系到投资的成功与否。投资顾问利用其专业知识和市场经验，为投资者提供关键的信息和策略，帮助他们做出明智的投资决策，同时最大化投资效益。

4. 政策法律顾问

政策法律顾问主要为投资者提供金融、税务等方面的政策和法律咨询服务。这些服务对于公司来说至关重要，因为合规性是融资的基础。政策法律顾问通过提供专业的法律和政策建议，帮助公司遵守相关法律法规，避免潜在的法律风险。他们还能为公司提供税务规划建议，帮助公司优化税务结构，从而降低融资成本。在多变的市场环境和复杂的法律框架下，政策法律顾问的作用不可或缺。

5. 招商引资顾问

招商引资顾问主要负责为项目公司寻找战略合作伙伴，也为投资者提供相关服务。招商引资顾问通过对市场的深入了解和广泛的网络资源的收集，能够有效地为项目公司匹配合适的投资者或合作伙伴，从而促进项目的成功实施。此外，他们还为投资者提供市场分析、项目评估和谈判策略等服务，帮助投资者做出合理的投资决策，实现良好的投资回报。招商引资顾问的专业服务对于连接项目公司和潜在投资者，促进资本的有效流动至关重要。

（二）聘用中介机构的步骤

聘用中介机构是公司融资中的重要一环，涉及多个步骤。首先，公司需要确定合适的中介机构。这个选择过程应该考虑机构的声誉、规模，以及过往的成功案例和经验。选择著名或大型的中介机构可能会带来更广泛的资源和更高的市场认知度，而选择有特定成功案例和经验的中小型机构则可能提供更专业或更个性化的服务。确定中介机构的过程需要公司进行细致的市场调研，比较不同机构的服务范围、专业能力和历史业绩，以确保选择的中介机构最符合公司的融资需求。其次，公司需要向中介机构明确提出自己的要求，包括协助完成商业计划书、参与谈判、完善公司管理等。在这一阶段，双方将进行深入的沟通，以确保中介机构能够充分理解公司的需求，并评估其是否具备满足这些需求的能力和资源。这个阶段的沟通对于建立明确和有效的工作关系至关重要，它有助于后续合作的顺利进行。最后，公司与中介机构签订聘用协议。协议应明确双方的权利和义务，确定费用的计算方式、数额以及支付方法。聘用协议的签订是正式合作的开始，它为双方合作提供了法律保障，并明确了合作的范围和条件。协议内容应全面详细，包括服务的具体内容、时间框架、费用支付安排等，以避免未来可能出现的误解和纠纷。通过这个过程，公司确保聘用的中介机构能够有效地支持其融资。

三、编制融资说明书

融资说明书是公司在进行融资时用来向潜在投资者或贷款机构详细介绍公司及其融资需求的重要文件，如招股说明书、商业计划书、借款申请书等。融资说明书是为了提供足够的信息，使潜在的投资者或贷款机构能够做出明智的投资或贷款决策。

（一）融资说明书的编制原则

编制融资说明书需要遵循以下原则：

1. 真实性原则

真实性原则是指公司所提供的信息必须是真实的，没有虚构或误导性的内容。真实性原则要求公司在融资说明书中如实反映其运营状况、财务状况、市场情况、管理团队和任何可能影响投资决策的风险因素。这不仅要展示公司的优势和潜力，还要坦诚地呈现公司面临的挑战和潜在的不利因素。真实性原则的遵守能增加投资者对公司的信任，降低误解和法律风险。在融资中，对信息的真实性负责不仅是法律的要求，也是赢得投资者信任和维护公司声誉的基础。

2. 准确性原则

准确性涵盖的范围很广，包括财务数据的准确性、市场分析的精确性、管理团队和业务运营的正确描述等。这就需要公司在编制说明书时进行详尽的数据核查和事实验证，确保所有信息均可靠无误。准确性原则的遵循有助于提高融资说明书的专业度，使潜在投资者能够基于可靠的信息做出投资决策。准确性原则是避免未来法律责任和信誉风险的关键。

3. 完整性原则

完整性原则是指融资说明书应该全面地覆盖所有对投资者做出投资决策必要的信息。这包括公司的历史背景、财务状况、业务模式、市场分析、竞争环境、风险评估，以及融资计划等各个方面。完整性原则要求公司不遗漏任何重要信息，即使某些信息可能对公司不利。这样做能够帮助投资者获得一个全面的视角，更好地评估投资的潜在价值和风险。缺乏完整性的融资说明书会导致投资者对公司的误解或信任缺失，进而影响融资成功率。

4. 合规性原则

合规性原则要求说明书的内容和格式必须遵守相关的法律、法规和行业标准。对于上市公司或在某些特定市场融资的公司而言，合规性尤为重要，因为它们需要遵循证券交易委员会或相应金融监管机构的规定。合规性原则包括确保所有必要的信息披露都已经完成，风险因素被适当地揭示，财务报表按照相应的会计准则进行编制。违反这些规定可能导致法律诉讼、罚款或其他严重后果。因此，确保融资说明书符合所有适用的法律和规章制度是公司在融资中不可忽视的关键一环。

5. 可理解性原则

可理解性原则强调融资说明书应该容易被其目标读者群体理解。这意味着，融资说明书尽管内容涉及复杂的财务和业务概念，但表达方式应清晰、简洁，避免不必要的专业术语或复杂的行话。可理解性原则对于吸引和保持潜在投资者的兴趣至关重要。如果投资者难以理解融资说明书中的内容，他们可能会对投资机会产生疑虑。有效的沟通方法包括使用图表和图示来解释复杂的数据和概念，以及确保文档结构逻辑清晰，方便读者快速找到感兴趣的信息。

6. 针对性原则

针对性原则要求融资说明书应专门针对其预期的投资者群体。这意味着在编制说明书时，公司需要考虑其潜在投资者的特点和需求，确保文档内容对于这些投资者来说是有吸引力的。例如，针对专业投资机构的说明书需要包含更多的详细财务数据和市场分析，而针对一般公众的说明书则更侧重于公司的业务模式、增长潜力和市场机会。通过确保内容的针对性，融资说明书能更有效地传达其旨意，吸引并维持目标投资者的兴趣。

（二）融资说明书的主要内容

1. 招股说明书的主要内容

招股说明书是在公司公开发行股票时向潜在投资者提供的一份重要翔实的文件，其目的是帮助投资者做出明智的投资决策。招股说明书通常包括以下内容：公司的名称、住所；发起人、发起人简况；筹资活动的目的；公司现有股本总额，拟发行的股票种类总额、每股的面值、售价，发行前的每股净资产值和发行结束后的每股净资产值，发行费用和佣金；初次发行的发起人认购股本的情况、股权结构及验资证明；承销机构的名称、承销方式与承销数量；发行的对象、时间、地点及股票认购和股款缴纳的方式；所筹资金的运用计划及效益、风险预测；公司近期发展规划和经注册会计师审核并出具审计意见的公司下一年度盈余预测文件；公司的重要合同；涉及公司的重大诉讼案件；公司董事、监事名单及其简历；近3年或成立以来公司的生产经营状况和有关业务发展的基本情况；经会计师事务所审计的公司近3年或成立以来的财务报告和由2名以上注册会计师及其所在事务所签字、盖章的审计报告；增资发行的公司前次公开发行股票所筹资金的运用情况；中国证券监督管理委员会要求载明的其他事项。

2. 商业计划书的主要内容

商业计划书是创业者为吸引投资者或商业合作者而编写的文件，详细描述了商业计划及相关的经营计划。它通常分为摘要、正文和附录三个主要部分。

摘要部分是商业计划书的核心，提炼了整个计划的精华，旨在激发投资者阅读全文的兴趣。摘要部分应包括公司简介、联系方式和主要联系人、公司业务范围和类型、管理团队与组织结构、产品或服务及其市场竞争情况、资金需求、市场状况、资金运用计划、财务计划和生产经营计划等。这一部分应该简洁明了，同时包含足够的信息以展示商业计划的吸引力。

正文部分是商业计划书的详细说明，具体阐述商业计划。它包括公司宗旨和管理、技术持有状况、产品种类和生产、市场分析、行业竞争和垄断风险、市场营销计划和策略、资金需求和投资方式、担保和还款计划、风险分析、组织和管理制度、增资后的经营预测，以及财务分析。正文部分是商业计划书的主体，需要详细、系统地展示公司的各个方面，确保投资者能够全面了解公司及其运营计划。

附录部分是对商业计划书的补充，包括各种附件和附表。附件包括营业执照副本、董事会和主要管理团队的名单及简历、专业术语说明、各种证书（如专利证书、生产许可证等）、注册商标、工艺流程图、新闻报道、产品市场成长预测图等。附表则包含主要产品目录、客户名单、供应商和经销商名单、主要设备清单、市场调查数据、财务报表及预测等。附录部分提供了额外的详细信息，有助于加深投资者对公司及其运营情况的理解。

3. 借款申请书的主要内容

借款申请书是公司为了获取贷款而向银行或其他金融机构提交的正式文件，其主要目的是展示公司的贷款需求和还款能力。借款申请书应包含以下内容：

借款申请书应包含公司介绍，例如公司的基本信息，包含公司名称、成立时间、法定代表人、公司性质、主营业务等内容。这部分旨在向贷款机构提供公司的背景信息。

借款申请书应包含借款的具体用途（如购置设备、扩张运营等）和所需的借款金额。这部分内容应具体、明确，避免模糊不清的描述。

借款申请书应详细介绍公司的财务状况，包括利润表、资产负债表、现金流量表等。这些财务数据能够帮助贷款机构评估公司的偿债能力和财务健康状况。

借款申请书应描述公司所在市场的现状、未来发展趋势、竞争对手分析，以及公司的业务计划。这部分信息可以帮助贷款机构了解公司的增长潜力和盈利前景。

借款申请书应提供一个详细的还款计划，包括还款的时间表、利率和预期的还款方式（如分期付款、一次性偿还等）。这显示了公司对贷款责任的认识和规划。

借款申请书应列出作为贷款担保的资产或抵押物，包括其估值和相关法律文件。

借款申请书应提供公司的联系人、地址、电话、电子邮箱等信息，方便贷款机构与公司进行沟通。

四、进行融资谈判

融资谈判是公司与潜在投资者或贷款机构之间就融资条款进行协商和讨论的过程。融资谈判是为了达成一项双方都能接受的融资协议。融资谈判是一个复杂的过程，需要在确保资金需求得到满足的同时，平衡风险、成本和控制权的分配。

（一）融资谈判的原则

1. 公平性原则

在融资谈判中，公平性原则强调的是交易双方应享有平等的地位和权利。这意味着，无论是投资者还是借款人，都应当在谈判过程中保持透明度，确保所有的条款对双方都是公平的。例如，融资的利率、偿还期限、抵押品等方面都应当协商以确保不会对任何一方造成不公平的负担。这种原则有助于建立长期的合作关系，因为双方都觉得交易是在相互尊重和平等的基础上进行的。

2. 诚实信用原则

诚实信用原则要求参与谈判的各方都必须诚实地表达自己的意图、能力和期望。诚实信用原则是建立和维护商业信誉的基础，对于融资谈判尤其重要。在这种情况下，隐藏关键信息或误导对方可能会导致严重的后果，并损害到公司的声誉。因此，双方应开诚布公地交流信息，确保所有的决策都是基于准确和完整的信息而做出的。

3. 平等互利原则

平等互利原则强调的是融资谈判应该是双赢的。双方在谈判时应寻求共同的利益点，从而确保协议对每一方都是有利的。平等互利原则鼓励创造性的思维和解决方案，以找到可以满足双方需求的路径。例如，投资者寻求较高的回报率，而公司则需要灵活的偿还计划；通过有效的沟通和协商，融资双方可以找到平衡这两个方面的方案。

4.灵活性原则

市场条件、经济环境和公司的需求都可能发生变化，因此谈判双方需要保持灵活性，以适应这些变化。这意味着重新协商条款，或是在特定情况下提供附加的灵活性。例如，如果公司遇到意外的财务困难，投资者需要提供延期偿还的选项。灵活性原则要求双方理解并适应彼此的变化和需求，从而确保协议的持续有效性。

（二）融资谈判的准备工作

1.谈判前的调查研究

在融资谈判中，谈判前的调查研究起着至关重要的作用。其目的主要在于深入了解对方的背景和实力，包括潜在投资者或贷款机构的财务状况、市场声誉、过往投资案例和风险偏好。这种了解有助于形成针对性的谈判策略，确保谈判内容符合双方的实际需求和能力。除此之外，调查研究还需要关注市场和行业的最新动态。这不仅包括当前的市场利率、投资趋势和行业发展态势，还涉及宏观经济因素和行业特定的风险。这样的市场分析使谈判方能够更好地理解和预测市场变化，从而制定出更加合理的融资条件和条款。通过对潜在风险的评估，公司可以提前准备应对策略，降低谈判过程中可能出现的不确定性。因此，调查研究不仅仅是收集信息的过程，更是为谈判打下坚实基础的重要步骤。

谈判前的调查研究必须具有高度的准确性、全面性。准确性意味着收集的信息必须是最新且无误的，因为基于错误或过时的信息做出的决策可能导致不良后果。全面性要求研究包括所有可能影响谈判的因素，从宏观经济条件到具体的行业动态，再到潜在合作伙伴的详细情况。这确保了谈判策略是在充分考虑所有相关因素的基础上制定的。同时，在调查研究过程中，公司应避免由于主观偏见而导致的误解或错误评估。这要求谈判团队不仅要收集数据，还要进行深入的分析和解读，确保对所得信息有准确的理解。这样严格的调查研究要求可以大大提升谈判策略的有效性，为融资谈判的成功奠定坚实的基础。

2. 制定谈判方案

一是制定谈判目标。谈判目标其实就是谈判要达到的目的。这个目标不能定得太高也不能定得太低，要适中，还要有弹性。一般设三档，即最高期望值、可接受目标和最低目标。

二是制定谈判议程。谈判议程是谈判方案中的主要内容，要说明谈判时间的安排和谈判议题。

谈判时间的安排要保证其科学性和合理性。恰当的谈判时间可以确保双方代表都有充分的思想准备和体力准备，从而在谈判中充分发挥各自优势。谈判时间的选择需要综合考虑多个因素，包括谈判的准备工作、代表的身体和情绪状况、时间的紧迫程度，以及对方的实际情况。因此，在选择谈判时间时，不仅要保证自方有充分的准备时间，也要给予对方适当的准备空间，这是体现诚实信用原则和平等互利原则的重要方面。

谈判议题直接关联到双方的核心利益，需要双方共同讨论和解决。在不同类型的融资谈判中，主要议题会有所不同，如商业银行贷款谈判重点关注利率、贷款期限等，而政府贷款谈判则更关注贷款的附加条件。议题的安排可以有不同的策略，如先易后难或先难后易。先易后难的策略通过先解决容易达成共识的问题来建立合作的氛围，为后续更困难议题的讨论创造良好的基础。相反，先难后易的策略则是先攻克主要难点，一旦在关键问题上达成协议，其他问题则相对容易处理。无论采用哪种策略，都需要对议题的难度和先后次序进行合理的搭配，确保谈判能够有序地进行，并且每个议题都有足够的讨论时间。这种对议题的精心安排本身就是一种谈判技巧，可以有效地推动谈判向着有利的方向发展。

三是制定谈判策略。这包括决定如何呈现自己的提案，如何回应对方的要求，以及在谈判过程中如何保持灵活性。在这个阶段，制定明确的谈判边界和底线也是非常重要的。这些边界定义了谈判中可以接受的条件范围，有助于确保谈判结果不会对公司造成不利的影响。

3. 组建谈判代表团

谈判代表团的组建需要综合考虑人数、构成和分工，以确保团队能够有效地协作并应对谈判中的各种挑战。

代表团的人数应该根据谈判的复杂性和重要性来确定。过多的代表可能导致沟通不畅和决策迟缓，而人数过少则可能因缺乏必要的专业知识或技能而处于不利地位。通常，小型融资谈判只需要 3～5 人即可，而大型融资谈判需要十几人甚至几十人。

谈判代表团通常由财务专家、法律顾问、市场分析师，以及具有谈判经验的高级管理人员等构成。财务专家可以提供关于资金结构和条件的建议。法律顾问能确保所有协议符合法律法规的规定。市场分析师可以提供关于市场趋势和对方背景的深入分析。高级管理人员则能代表公司做出最终决策，并确保谈判结果符合公司的整体战略。

4. 选择谈判地点

在融资谈判的准备工作中，选择合适的谈判地点是一个重要方面，因为谈判地点会对谈判氛围、参与者的心理状态，甚至最终的谈判结果产生影响。谈判地点应当满足以下几个标准：

一是中立性。在一些情况下，选择一个中立的地点可以避免任何一方感到劣势，从而保证谈判的公正性。例如，选择一家独立的会议中心或者商务酒店作为谈判地点，而不是在任何一方的总部或办公地点进行，可以避免给予任何一方"主场优势"。

二是便利性。由于参与谈判的各方可能来自不同的地区，选择一个交通便利的地点可以减少旅行的不便，确保所有参与者都能轻松到达。谈判地点应该有足够的空间容纳所有参与者，并提供必要的技术支持，如高速网络连接、投影设备等。

三是舒适性。舒适的环境可以促进更加开放和创造性的讨论。因此，谈判地点应该具备适宜的温度、充足的照明、舒适的座椅和适当的隐私设置。

四是保密性。由于融资谈判通常涉及敏感的商业信息，因此确保谈判地点的保密性是必须的。选择的地点应能够保证谈判过程中的隐私，避免信息泄露的风险。

（三）融资谈判的程序

融资谈判的程序通常包括开场陈述和实质谈判两个关键阶段，每个阶段都扮演着重要的角色，并对谈判的最终结果产生影响。

开场陈述是融资谈判的起始阶段，它为整个谈判过程设定了基调。在这个阶段，每一方都有机会介绍自己的团队、阐述自己的立场和目标，并概述希望通过谈判达成的主要目标。开场陈述不仅是介绍信息的机会，也是建立信任和展现专业度的重要时刻。一个有效的开场陈述应该清晰、简洁、具有说服力，展现出开放和合作的姿态。通过这种方式，双方可以清楚地了解对方的基本情况和谈判的基本框架，为后续的实质性谈判打下基础。此外，开场陈述还是一个评估对方谈判风格和策略的机会，这对于调整自己的谈判策略以适应谈判过程是非常有用的。

随后进入的实质谈判阶段是融资谈判的核心阶段。在这个阶段，双方将深入讨论具体的融资条款，包括利率、贷款期限、偿还计划、担保要求等关键要素。实质谈判要求双方展现较高的谈判技巧，包括有效的沟通、谈判策略的灵活运用，以及对复杂财务和法律问题的深入理解。在这一阶段，双方需要通过交流和协商，努力找到一个双赢的解决方案。这要求谈判双方不仅要坚持自己的核心利益，也需要考虑对方的需求和限制。在实质谈判中，解决分歧、妥协和调整提案是常见的。通过有效的沟通和相互理解，双方可以逐步靠近，最终达成一个双方都能接受的协议。实质谈判可能涉及多轮讨论和调整，这需要双方保持耐心和专注，也需要保持灵活和开放的态度。

五、签订融资协议

签订融资协议标志着融资的正式确定和双方承诺的正式化。这一阶段涉及协议文本的制定、对协议条款的最终审查和协商，以及融资协议的正式签署。

协议文本通常包括融资的具体条款，如借款金额、利率、偿还期限、担保条件、违约条款等。在这个过程中，法律专家和财务专家的作用尤为重要，他们负责确保协议的条款不仅符合法律法规的规定，而且符合公司的财务利益和战略目标。接着，协议条款的最终审查、协商是签订前的一个关键环节。这通常涉及详细的法律审查，以确保协议中的所有条款都是明确无误的，且对双方都是公平合理的。在这一阶段，可能还需要对一些条款进行最后的调整或协商，以反映谈判过程中达成的共识。最后，融资协议的正式签署过程是对融资协议的最终确认。在签署融资协议时，所有相关方都需要在法律见证人的在场下签字，这样才能确保协议具有法律效力。在签署过程中，双方可能会举行一个正式的签字仪式，以标志这一重要事件。签署后，融资协议成为约束双方的法律文件，其条款将指导后续的所有相关活动，包括资金的使用、偿还和沟通等。

六、履行融资协议

履行融资协议是对协议条款的实际执行和遵守。首先，公司要按照协议中的条款使用资金。其次，公司要定期偿还债务，包括按时支付利息和本金。延迟或错过还款可能会导致违约，进而产生额外的费用或罚金，甚至损害公司的信誉。最后，公司要遵守其他条款，例如提供定期的财务报告、维持特定的财务比率，或者遵守特定的运营限制。履行融资协议不仅是一项财务和法律方面的义务，也是维护公司声誉和商业关系的关键。这需要公司在管理和运营上保持高度的透明度和责任感，以确保在整个融资期间遵守所有的协议条款。通过有效地履行融资协议，公司可以为未来的融资打下良好的基础，并维护其在市场上的信誉。

第三节 公司融资数量的预测

资金是一种稀有资源。为了确保融资目的的实现，避免稀有资源的闲置和浪费，充分发挥稀有资源的作用，降低融资风险，公司在融资之前应采用一定的方法预测其融资数量。

一、公司融资数量预测的主要依据

公司融资数量的预测是一个复杂而关键的过程，涉及多方面的考量。合理的融资数量不仅可以满足公司的资金需求，还能够保持财务结构的稳定性和可持续性。公司融资数量预测的主要依据如图 2-3 所示。

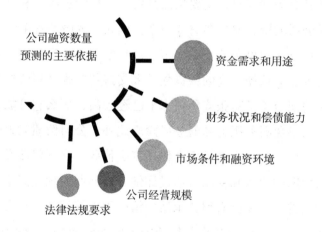

图 2-3 公司融资数量预测的主要依据

（一）资金需求和用途

公司的资金需求通常包括日常运营资金和特定项目资金两个方面。日常运营资金是维持公司日常活动所必需的流动性资金，如原材料采购、员工工资支付、日常经营费用等。这部分资金的稳定性直接关系到公司运营的连续性和效率。特定项目资金则关系到公司的发展和扩张，如新产品研发、市场扩展、设备更新或并购等。这些项目往往需要大量资金投入，且具有长期性和战略性。因此，准确评估这些需求可以帮助公司确定融资的总量。

资金的具体用途是确定融资规模的直接依据。当公司明确了资金的使用目的，如扩张生产线、研发新产品、市场推广或偿还债务等，它便能够据此评估所需资金的具体数额。这种评估确保了融资的目标性和针对性，使融资数量不会过大导致不必要的财务负担，也不会过小而无法满足实际需求。

（二）财务状况和偿债能力

通过对财务状况和偿债能力的分析确定融资数量的过程是一个严谨的财务决策活动。这种分析使公司能够基于其财务实力和偿债能力，较为精确地计算出合理的融资数量。

公司分析其财务状况时，主要聚焦其资产、负债、收入和支出。这些元素共同揭示了公司的资金储备和财务弹性。例如，健康的现金流量和强劲的收入表明公司可以承担更多的债务而不会对日常运营产生负面影响。在这种情况下，公司可能会选择更高的融资数量来支持其扩张计划或投资机会。相反，如果公司的现金流量紧张或负债水平已经较高，那么它可能会选择较少的融资数量，以避免财务压力和财务风险。此外，公司偿债能力的分析可以帮助公司评估在特定时间内能够安全偿还多少债务。这不仅涉及当前的债务水平，还包括预期的收入和支出。通过详细分析预期的现金流量，公司可以确定在不影响正常运营和已有财务承诺的情况下能够偿还的最大债务额。这种分析确保了公司不会因为超出其偿债能力的融资而陷入财务困境。因此，通过对财务状况和偿债能力的细致分析，公司能够确定一个既符合其财务实力，又不会过度负债的融资数量。这种精确的预测不仅减少了财务风险，也确保了融资策略的可持续性和效率。

（三）市场条件和融资环境

在融资数量的预测中，市场条件和融资环境也是至关重要的，因为这些因素直接影响到融资的可行性和成本，进而决定了公司可以或应该融资的数量。市场条件和融资环境的变化，如市场利率的波动，以及整体经济周期的走势，都会对公司的融资数量产生影响。

在市场利率较低的环境中，借贷成本下降，这为公司提供了一种借贷成本低廉的环境。在这种情况下，公司可能会倾向于增加借贷规模，以利用低成本资金支持扩张计划、资本投资或其他增长机会。在低利率环境下的较大规模融资可以帮助公司加速增长，公司可以利用有利的市场条件来优化资本结构。

相反，在市场利率较高或投资者情绪谨慎的时期，融资的成本上升，公司会面临更高的借款成本和更严格的借贷条件。在这种情况下，公司可能需要减少融资规模，以避免过高的财务负担和风险。经济周期对公司的业务收入和现金流量有着显著影响，因此也会影响融资数量。在经济繁荣期，公司会预见到收入和现金流量的增加，因此可能会更加积极地寻求融资以支持扩张。然而，在经济衰退期，公司可能会遇到收入下降和现金流量紧张的问题，这时候需要更加谨慎地考虑融资数量，以避免在经济低迷时期增加财务负担。

因此，通过对市场条件和融资环境的深入分析，公司能够更准确地确定其融资数量。这种分析不仅考虑了当前的市场状况，还预测了未来可能的变化，从而帮助公司做出符合其长期财务健康和业务策略的融资决策。通过这种方式，公司可以在确保财务稳定的同时，有效利用市场条件来优化其融资策略，为其持续成长和发展提供必要的资金支持。

（四）公司经营规模

对于小型公司来说，由于它们通常缺乏充足的资产作为抵押，且市场知名度和信用记录相对有限，因此它们在获取大额融资时面临较大挑战。小型公司的融资需求往往集中在日常运营资金或小规模的扩张计划上。因此，在确定融资数量时，这些公司倾向于根据自身的现金流量状况和偿债能力来审慎评估，以避免过度借贷导致的财务风险。这意味着小型公司的融资数量通常较小，它们更倾向于短期和灵活性较高的融资方式。

中型公司通常已经拥有一定的市场地位和信用记录，这使它们能够获得相对更多的融资选择。中型公司的融资目的不仅仅局限于日常运营，还包括中等规模的项目投资和扩张计划。因此，这些公司在融资数量的确定上会考虑当前业务规模和未来发展计划，以确保融资数量既能满足当前需求，又能支持未来的增长。这通常导致中型公司选择的融资数量比小型公司更大，且涉及多样化的融资工具，包括长期债务和股权融资。

大型公司在融资数量的决策上则有更大的灵活性。由于其规模和市场影响力更大，大型公司通常能够访问更广泛的融资渠道，包括大规模的债务融资、股权融资，甚至国际资本市场。这些公司在确定融资数量时不仅考虑当前的财务状况和偿债能力，还会考虑其在市场上的竞争地位和长期发展战略。因此，大型公司的融资数量往往更大，且资本结构更为复杂。

（五）法律法规要求

法律法规对公司融资数量的确定起着关键的制约作用。这些规定确保了公司的融资符合法律要求，也限制了公司可以筹集资金的最大量。遵守这些法律法规不仅是法律义务，也是确保公司融资合法、合规的必要条件。

法律法规对于公司债务水平设定了上限。许多国家和地区的公司法和证券法律制定了对公司负债比率的限制，以确保公司不会因过度借贷而面临破产风险。这种法律上的负债比率限制意味着公司在确定融资数量时，必须考虑其总负债不得超过法律规定的比例。这种限制对于中小型公司尤其重要，因为它们可能更易于因资本不足而超出这一比率。

对于上市公司而言，证券法律通常规定了对于发行新股或债券的特定要求。这包括发行程序、披露义务和市场行为规范等。这些规定在某种程度上限制了公司可以通过资本市场融资的数量，因为公司必须遵守这些规定以避免法律风险。例如，如果一家公司希望通过公开发行股票来融资，它必须遵守证券法律的各项规定，包括对发行规模的限制。

在某些情况下，特定行业的法律法规会对公司的融资施加额外的限制。例如，在银行和金融服务行业，监管机构通常对这些机构的资本充足率有严格要求，这直接影响着它们可以从市场上筹集资本的数量。能源和公共事业等行业面临额外的融资限制，以确保这些关键行业的稳定和安全。

跨国公司在进行融资时，必须考虑不同国家的法律法规差异。这些差异涉及融资的方式、数量和条件等方面。例如，某些国家对外国公司的融资设有更为严格的限制，这对于跨国公司的融资数量选择有重大影响。

在进行融资决策时，公司必须仔细考虑这些法律法规的要求，以确保其融资既满足资金需求，又符合法律的规定，从而保护公司及其股东的长远利益。

二、公司融资数量的预测方法

（一）定性预测法

定性预测法是一种依靠具有专业知识和综合判断能力的专家基于个人经验和掌握的信息来预测未来发展趋势和结果的方法。这种方法尤其适用于那些没有充足、准确统计数据和原始资料的情况。定性预测法多种多样，主要有个人经验法、意见汇集法、专家会议法、德尔菲法等。

1. 个人经验法

个人经验法是预测人员在有限资料的基础上，结合自己的判断来得出预测结果。这种方法的关键在于预测人员的素质，包括其经验的丰富度和综合判断能力的强度。如果预测人员具备丰富的经验和强大的综合判断能力，他们做出的预测更有可能是准确的。然而，个人经验法高度依赖个人的经验和认知，因此可能存在主观臆断的风险，这会导致预测结果与实际情况出现偏差。每个人的经验和认知都有局限性，这可能导致其对真实情况的不准确把握，从而影响预测的准确性。因此，尽管个人经验法在某些情况下可以提供快速和直观的预测，但考虑其主观性和可能的偏差，它最好与其他更客观、更系统的预测方法结合使用。这样可以通过综合不同方法的优势，来提高预测的准确性和可靠性。在缺乏详细数据或面对不确定的市场情况时，个人经验法可以作为一种有用的补充工具，但应谨慎对待其预测结果。

2. 意见汇集法

意见汇集法是一种通过广泛收集多方意见来预测融资需求的方法。这种方法通常由预测人员按照预先准备的提纲，向熟悉预测对象的人员进行调查，广泛征求他们的观点和建议。这种方法可以集中众人的智慧，有助于形成更全面的视角，同时在时间上也较为高效。意见汇集法还允许根据影响融资需求的变化因素，及时调整预测结果，从而提高预测的灵活性和适应性。然而，这种方法也存在缺点，与个人经验法类似，意见汇集法容易受到预测人员主观判断的影响，尤其在专业性较强的问题上，可能导致预测失误。

3. 专家会议法

专家会议法是通过组织相关专家形成预测小组，通过座谈会等形式进行广泛的讨论和研究，从而做出预测。这种方法能够利用专家的经验和掌握的信息，进行更深入、全面的分析和研究，从而提高预测的准确性和实用性。由于参与者是相关领域的专家，他们能够提供丰富的信息，相互印证和补充，有助于克服单纯依靠个人经验预测的局限性。不过，专家会议法的参与人数有限，可能缺乏代表性。在面对面的讨论过程中，一部分参与的专家可能受到其他参与的专家的影响，无法充分表达自己的观点，这可能影响预测结果的客观性和准确性。

4. 德尔菲法

德尔菲法是一种系统化的预测方法，主要通过收集和整合专家意见来进行预测。这种方法用于处理不确定性较高的问题，如科技发展趋势、经济预测等。其核心在于通过一系列的问卷调查，让一群专家独立地提出他们对未来的预测，然后将这些预测汇总并反馈给所有参与者，以期达成较为统一的共识。

一是德尔菲法的特点。德尔菲法具有匿名性、统计性、反馈性等特点。在德尔菲法中，参与者通常不会面对面交流，他们的身份对其他参与者保密。这种匿名性有几个好处。首先，它帮助减少了所谓的"群体思维"现象，即个体倾向于追随群体意见，而不是表达自己真实的看法。其次，匿名性鼓励专家更加坦诚地表达自己的观点，而不用担心面子问题或个人声誉。此外，由于专家的意见不会直接与他们的身份关联，这可以减少权威影响，即较资深的专家的意见对其他人的影响。

在每一轮调查之后，协调员会对专家的回答进行统计分析，如计算平均值、中位数或查看意见的分布情况。这种统计分析为专家提供了一个关于群体意见的概览，并帮助他们了解自己的看法与其他专家相比处于何种位置。这种统计性的处理使德尔菲法不仅仅是一种意见收集工具，更是一个集体决策和预测的过程。统计分析可以更有效地整合和概括专家的意见，使最终的预测结果更具有代表性和可靠性。

在德尔菲法中，预测过程通常不是一次性的，而是一个多轮的过程。每一轮调查之后，协调员会将汇总和分析的结果反馈给参与者，然后在下一轮中请他们考虑这些反馈信息并重新提出他们的预测。这种反馈机制允许专家根据其他人的观点和信息来调整和改进自己的预测。随着轮次的增加，参与者的意见往往会趋于一致，从而提高了预测的准确性。反馈性使德尔菲法成为一个动态的预测过程，专家的意见在不断地互动和更新中得到改进和精练。

二是德尔菲法的实施步骤。德尔菲法在公司融资数量预测中的实施步骤涉及几个关键阶段，以确保收集和分析专家意见的有效性和准确性。第一，公司应选定一组具有相关知识和经验的专家。这些专家应该对公司融资、市场趋势、经济环境等方面有深入了解。在融资数量预测中，专家团队需要包括财务分析师、经济学家、行业专家，甚至是公司内部的高级管理人员。第二，公司应提出一系列关于公司未来融资需求的问题。这些问题应该具体、明确，且与公司的融资决策紧密相关。问题可以涉及市场动态、资金流转、投资机会、利率变化等。第三，公司应将问卷发送给所有专家，并要求他们独立作答。在这一阶段，公司应让专家根据自己的知识和判断给出意见，而无须考虑其他专家的观点。第四，公司收集所有专家的回答，进行汇总和分析。这包括对预测结果的平均值、中位数的计算，或对不同观点的分布情况的分析。第五，公司将汇总后的结果反馈给所有专家，让他们了解整个专家团队的意见概况。第六，基于反馈的信息，公司应开展第二轮调查，要求专家重新考虑他们的预测。这个过程可以重复进行，直到专家的意见达到一定程度的共识或稳定。第七，在几轮调查后，公司应综合专家的意见，形成关于公司融资数量的最终预测。

（二）定量预测法

1.趋势预测法

趋势预测法是一种通过将历史数据排列成时间序列来识别预测对象发展趋势，并据此推测未来的方法。这种方法的基本假设是，当前的变化趋势会持续到未来，而且所预测的变量仅随着时间的推移而变化，不受其他财务变量变化的影响。趋势预测法根据使用的具体计算方式的不同，可以分为几种类型，包括简单平均法、加权平均法、移动平均法等。

一是简单平均法。简单平均法是通过计算一系列历史数据的算术平均值来预测未来的数值。这种方法的核心思想是，历史数据在一定时间范围内表现出的平均水平能够代表未来的期望值。其计算公式为

$$\overline{X} = \frac{X_1 + X_2 + \cdots + X_n}{n} = \frac{1}{n}\sum_{i=1}^{n} X_i \tag{2-1}$$

式中，$\overline{X}$为预测值；n为历史数据的个数；X_i为各期历史数据。

简单平均法在融资数量预测中的应用相对直接。这种方法通过计算过去几年公司融资数量的平均值来预测未来的融资需求。例如，如果一个公司在过去五年每年的融资额分别是 100 万、120 万、110 万、130 万和 125 万，那么使用简单平均法预测的下一年融资额就是这些数值的平均数，即 117 万。简单平均法的主要优点是操作简单，易于理解和应用。但它的缺点也很明显，即假定过去每年的融资需求对预测未来同等重要，忽视了最近年份的数据更加反映当前的融资趋势。

二是加权平均法。与简单平均法不同，加权平均法是赋予不同时间点的历史数据不同的权重，计算加权算术平均数作为预测值的一种预测方法。其计算公式为

$$\bar{X} = \frac{X_1 f_1 + X_2 f_2 + \cdots + X_n f_n}{f_1 + f_2 + \cdots + f_n} = \frac{\sum\limits_{i=1}^{n} X_i f_i}{\sum\limits_{i=1}^{n} f_i} \qquad (2-2)$$

式中，$\bar{X}$ 为预测值；n 为历史数据的个数；X_i 为各期历史数据；f_i 为各期数据权重。

加权平均法在融资数量预测中更为精细。这种方法给予不同年份的融资数据不同的权重，通常情况下，越接近当前时间的数据权重越大。这是基于一种假设：近期的融资数据更能反映公司当前和未来的融资需求。继续前面的例子，如果给最近一年的融资额赋予更高的权重，那么预测的融资额将更多地倾向于 125 万这个数值。加权平均法的优势在于它能更准确地反映近期的融资趋势，使预测结果更加接近实际情况。但这种方法的缺点在于它确定各年份数据权重的过程可能较为主观，且计算过程相对复杂。

三是移动平均法。在公司融资数量的预测方法中，移动平均法是一种常用的趋势预测方法，它通过平滑历史数据中的随机波动来识别数据的长期趋势。这种方法特别适用于预测那些随时间变化而波动的融资需求。

移动平均法的核心在于计算一系列连续时间段的平均数，并随着新数据的加入不断更新这些平均数。具体来说，首先选定一个特定的时间窗口（例如，3 年、5 年等），然后计算窗口期内所有数据点的平均值。随着时间的推移，窗口向前移动，新的数据加入计算，而最旧的数据则被移出。例如，如果一个公司正在使用 3 年移动平均法来预测其融资需求，那么在任何给定时间点，它都会计算最近三年的融资数据平均值作为预测值。

移动平均法的优点在于它能够平滑地短期波动，从而更清晰地显示出长期趋势。这对于理解公司融资需求的长期模式非常有帮助，尤其是当这些需求受到周期性因素影响时。此外，由于这种方法不断纳入新的数据，因此它能够适应经济和市场环境的变化。然而，移动平均法也有其局限性。它较慢地反映最近的市场变化，特别是当选用的时间窗口较大时。此外，这种方法假设过去的趋势将在未来持续，但在快速变化的市场环境中，这种假设并不总是成立的。因此，在应用移动平均法时，重要的是选择合适的时间窗口长度，并结合其他预测方法和市场分析，以获得更全面和准确的融资需求预测。

2. 因素预测法

因素预测法是以有关项目基期年度的平均资金需要量为基础，根据预测年度的生产经营任务和资金周转加速的要求，进行分析调整，来预测资金需要量的一种方法。因素预测法以公司上年度的资金实际占用量为计算基础，但需要剔除不合理的占用部分，如待处理损失、闲置资产等所占用的资金。因素预测法考虑公司资金需要量与资金周转速度的反比例关系。因素预测法假定公司资金需要量与生产经营任务成正比例关系。

运用因素预测法预测资金需要量和融资量的基本计算公式如下：

资金需要量的计算公式

$$Y = (R_0 - Q)(1+S)(1+H) \qquad (2-3)$$

式中，Y 为预测年度资金需要量；R_0 为上年度的实际资金平均占用量；Q 为上年度不合理的资金占用额；S 为预测年度生产增减幅度；H 为预测年度资金周转速度变动率。

融资量的计算公式

$$R = Y - R_0 \qquad (2-4)$$

式中，R 为预测年度的融资量。

因素预测法作为公司融资数量预测的一种方法，具有其特定的优势和局限性。它以公司过去的实际资金占用情况作为预测的基础，这意味着预测建立在实际的经验和数据上，增加了其相关性和可信度。这种方法全面考虑了公司的资金周转效率和生产经营任务，这样的综合性分析可以帮助公司更准确地理解和预测其未来的资金需求。此外，因素预测法还强调对资金使用的动态调整，通过剔除不合理的资金占用部分，使预测能够更好地反映当前的经营状况和市场环境。这种方法还鼓励公司通过提高资金周转速度来优化资金管理，从而减少对外部融资的依赖。

然而，因素预测法也存在一些局限。由于它过分依赖历史数据，可能无法准确捕捉市场的快速变化和未来趋势。这种方法在操作上相当复杂和耗时，需要对大量历史数据进行详尽分析，并考虑多种因素。因素预测法在剔除不合理资金占用或评估资金周转效率时，涉及主观判断，这会影响预测的准确性。因素预测法不足以敏感地反映快速变化的市场条件或突发事件对公司融资需求的影响。

3. 资金习性预测法

资金习性预测法是假定公司的融资需要量与公司的产品产销量之间存在线性关系，并建立数学模型，然后根据有关历史资料，用回归直线方程确定参数，进而测算公司资金需要量和融资数量的方法。[1]

这种测算方法将公司融资结构资金分为不变资金和可变资金两部分。不变资金是指在一定的产销规模内，其数量不会因为产销量的变化而改变的那部分资金。这通常包括为保持正常运营所需的最低现金储备、原材料的安全库存、必需的成品或商品库存，以及固定资产如机器设备和厂房所占用的资金。这部分资金具有稳定性，即使公司的产销量发生变化，这部分资金的需求量也保持不变。与此相对的是可变资金，这部分资金随着产销量的增减而变动。可变资金主要包括直接用于生产产品的原材料、外购件等所占用的资金。除此之外，超出最低储备的现金、存货、应收账款等也具有可变资金的特性。随着产销量的增加，这些项目所需的资金也会相应增加。

资金习性预测法的计算过程与公式如下：

融资数量的计算公式

$$R = y - R_0 \qquad\qquad （2-5）$$

式中，R 为融资数量；R_0 为上期的资金占用量；y 为资金需要量。

上期的资金占用量可以是本期以前的某一期的实际资金占用量，也可以是本期以前的若干期实际资金占用量的平均数。

资金需要量的计算公式

---

① 　王小霞. 企业融资理论与实务［M］. 西安：西北大学出版社，2017：29.

$$y = a + bx \qquad (2-6)$$

式中，y 为资金需要量；a 为不变资金；b 为单位产销量所需的可变资金；x 为产销量。

不变资金和单位可变资金的计算：

式（2-6）中 a 和 b（即不变资金和单位产销量所需的可变资金）的值，可以运用回归线性方程，根据历史上该公司实际的最近占用数额和实际产销量之间的关系来计算确定，即通过如下联立方程计算确定：

$$\begin{cases} \sum Y_i = na + b\sum X_i \\ \sum X_i Y_i = a\sum Y_i + b\sum Y_i^2 \end{cases} \qquad (2-7)$$

式中，Y_i 为各期预测年度资金需要量。

在使用资金习性预测法来测算资金需要量和融资量时，需要注意几个关键问题，以确保预测结果的准确性和实用性。

一是公司需确保资金需要量与产销量之间线性关系的假定符合实际情况。这种方法基于的假设是，公司的资金需求量与其产品的产销量之间存在一个稳定的线性关系。然而，实际情况可能更加复杂，因为公司的资金需求可能受到多种因素的影响，包括市场条件、内部运营效率、供应链动态等。因此，在应用这种预测方法时，必须先验证这个基本假设的适用性，确保它在当前和预期的业务环境中是合理的。

二是公司在确定不变资金（a）和单位产销量可变资金（b）的数值时，所依赖的历史资料应该至少包括过去三年的数据。这是因为，更长期的数据能够更全面地反映出公司的资金使用习性和产销活动的波动。较短期的数据可能无法准确捕捉到这些模式，从而影响预测的准确性。因此，选择足够长的时间范围来分析历史数据，是确保预测结果可靠性的关键因素。

三是公司进行预测时还需考虑价格变动等外部因素。资金需求不仅受到产销量的影响，还受到原材料成本、市场价格波动、通货膨胀等经济因素的影响。这些因素可能会改变资金需求的规模或性质，因此在进行预测时，必须考虑这些外部因素，以确保预测结果能够真实反映未来可能面临的经济环境。

4. 销售百分比预测法

销售百分比预测法是根据销售量与资产负债表和利润表各项目之间的依存关系，按照预测期销售量的变动情况来预测资本需要量的一种预测方法。尽管影响资金需求的因素很多，但影响程度最大的是销售收入。在已知项目与销售量的比例固定不变的前提下，公司可以用该方法预测未来一定销售额下的资本需要量。但这种方法是建立在良好的销售预测基础上的。

销售百分比预测法的原理是先将资产负债表上与销售收入有关的各项目除以基期销售收入，得到销售百分比；然后再用得出的百分比乘以预测的销售收入，得出资产负债表上与销售收入有关的各项目总的资金需要量。

其预测公式为

$$R = \Delta S \cdot \left(\frac{A}{S_1} - \frac{L}{S_1} \right) - S_2 \cdot P \cdot E \qquad （2-8）$$

式中，ΔS 为销售收入变动额（$S_2 - S_1$）；$\frac{A}{S_1}$ 为总销售收入同时增加的资产占总销售收入的比例；$\frac{L}{S_1}$ 为总销售收入同时增加的负债占总销售收入的百分比；S_2 为预测期的销售收入；P 为销售利润率；E 为收益留存比例。

销售百分比预测法简单易行，可以迅速提供融资需求的粗略估计。它尤其适用于那些融资需求与销售额之间有着明显相关性的公司，比如销售增长往往伴随着库存增加和应收账款增加的公司。然而，这种方法也有局限性。它假设未来融资需求与销售额之间的关系将与过去相同，这不适用于那些业务模式正在发生变化的公司。此外，该方法忽略了可能影响融资需求的其他因素，如市场竞争状况、行业周期性、公司策略变更等。因此，尽管销售百分比预测法是一种有用的工具，但在做出重要的融资决策时，它最好与其他更细致的分析方法结合使用。

第三章　债务融资策略

第一节　借款融资

借款融资是指公司为了满足其资金需求，向外部机构借入资金的行为。这种融资方式使公司能够在不增加股权的前提下筹集所需资金，以支持其运营和发展。在众多借款融资途径中，银行借款占据了主导地位。银行借款是指公司向银行申请并获得一定额度的贷款，这些贷款用于日常运营资金、扩大生产规模、购买设备或其他商业活动。银行借款的普遍性和相对较低的融资成本，使其成为众多公司优先考虑的融资方式之一，特别是在需要大量资金且期望保持公司股权结构稳定的情况下。

一、借款融资的分类

根据期限长短，借款融资可分为短期借款融资和长期借款融资。

（一）短期借款融资

1.短期借款融资的概念与特点

短期借款融资是指公司从银行或其他金融机构借入的、期限通常不超过一年的贷款。这种融资方式主要用于满足公司的短期资金需求，如日常运营资金、应急资金、季节性资金缺口等。短期借款融资的主要特点是借款周期短、周转快、灵活性高，通常也伴随着相对较高的利率。短期借款融资对公司而言具有明显的优势。首先，它可以迅速解决公司的临时资金紧张问题，帮助公司应对短期流动性挑战。其次，由于借款期限短，公司在负债结构上不会承受长期的财务压力。最后，短期借款融资通常不需要复杂的抵押担保，申请程序相对简便，能够快速满足公司的即时资金需求。然而，公司也需要注意短期借款融资的风险，包括较高的利息成本和对公司现金流量的压力。

2. 短期借款融资的分类

按照借款的资本用途不同，可以将短期借款融资分为流动基金借款、生产周转借款、临时借款和结算借款，如图 3-1 所示。

图 3-1　短期借款融资的分类

流动基金借款是为了补充公司日常运营中的流动资金而进行的短期借款融资。这类借款通常用于满足公司在原材料采购、产品生产、销售服务等日常业务活动中的资金需求。流动基金借款的金额相对固定，使用频率高，通常与公司的运营周期密切相关。公司通过这种借款可以有效地解决短期资金周转问题，保持业务的连续性和稳定性。然而，由于这类借款与公司的日常营运紧密相关，公司管理不善会存在资金链断裂的风险。

生产周转借款专门用于公司生产过程中需要的资金，如购买原材料、支付工人工资和其他与生产直接相关的费用。这种借款通常随着生产周期的变化而波动，具有一定的季节性特征。生产周转借款可以帮助公司应对生产高峰期的资金需求，确保生产活动的顺畅进行。对于那些生产周期长、前期投入大的公司而言，这种借款尤为重要。然而，公司也需注意控制生产成本，避免过度依赖借款导致财务风险。

临时借款是指公司为了解决突发的短期资金需求而进行的借款。这类借款的期限通常较短，金额也相对较小。临时借款主要用于应对意外事件或临时机会，如紧急修理、折扣采购等。这种借款提供了灵活性和便捷性，帮助公司快速应对不可预见的财务需求。然而，临时借款的利率通常较高，公司在使用时应考虑其成本和紧急性。

结算借款是公司为了满足日常经营活动中的结算需要而进行的短期借款融资。它主要用于处理应收账款和应付账款之间的时差问题。例如，公司需要支付供应商账款，但尚未收到客户的付款。结算借款可以帮助公司维持正常的现金流量水平，确保供应链的稳定性。这种借款的金额和期限通常依据公司的实际结算需求而定。尽管结算借款有助于公司克服短期的资金周转困难，但过度依赖会导致财务结构失衡。

按照借款公司是否有担保或抵押，可以将短期借款融资分为信用借款和担保借款。

信用借款是基于借款公司的信誉和还款能力而无须提供任何形式的担保或抵押物的短期借款融资。这种借款方式依赖公司的信用评级、历史信用记录、财务状况、经营业绩等因素。信用借款通常由银行或其他金融机构根据公司的信用状况提供，其特点是手续相对简便，融资速度快。对于信誉良好、财务透明的公司来说，信用借款是一种便捷的资金筹集方式。然而，信用借款通常伴随着较高的利率，因为借款人需要承担更高的信用风险。此外，公司的借款额度受到其信用状况的限制，因此，在经济不稳定或公司信用状况变化时，获取信用借款会变得困难。

担保借款是指公司在借款时提供担保或抵押物的短期借款。担保可以是物质资产（如房地产、设备、存货等）的抵押，也可以是第三方（如担保公司、其他公司或个人）的保证。提供担保的目的是为借款人提供一种安全保障，以降低借款的风险。担保借款一般比信用借款拥有更低的利率和更高的借款额度，因为借款人的风险得到了有效降低。然而，这种借款方式需要公司具备相应的抵押资产，且在借款期间，这些资产不能用于其他融资目的。担保借款在违约情况下可能会失去抵押资产。因此，公司在选择担保借款时需要仔细评估自身的偿债能力和风险承受能力。

（二）长期借款融资

长期借款融资是指公司从银行或其他金融机构借入的、期限通常超过一年的贷款。这种融资方式通常用于公司的长期投资，如扩建工厂、购买固定资产、研发新产品或进行大型项目投资。长期借款融资的借款期限长、资金量大、利率相对较低，且往往需要公司提供一定的抵押担保。长期借款融资对于公司来说是一种稳定的资金来源，能够支持公司的长期发展规划和大规模投资项目。它为公司提供了资金的连续性，确保了长期项目的顺利进行。长期借款融资的利率通常固定或具有一定的可预测性，有助于公司在财务规划中更好地控制成本。长期借款融资带来了较长期的财务负担和偿债风险，特别是在市场环境变化时，公司可能面临较大的财务压力。因此，公司在选择长期借款融资时需要仔细评估自身的偿债能力和未来的财务状况。

二、借款融资的资本成本分析

（一）银行借款利率

借款利率的高低直接影响到公司的资本成本，也关系到银行的信贷风险。借款利率的高低主要受借款期限和借款公司信用状况的影响。通常情况下，借款期限越长，意味着金融机构如银行承担的信贷风险更大，因此，它们往往会设定更高的借款利率。在借款期限固定的情况下，公司的信用状况成为决定利率高低的另一个重要因素。信用记录良好、财务状况稳健的公司通常能获得较低的贷款利率。如果公司提供的抵押品价值高且易于变现，这也会降低银行的信贷风险，从而可能获得更优惠的利率条件。

1. 银行借款利息的支付方法

一是收款法。收款法是一种常见的银行借款利息支付方法，具体是指借款公司在还款时，除了偿还本金外，还需要支付一定比例的利息。银行向公司发放的贷款大都采用这种方法收息。若用 $a(n)$ 来表示银行借款到期时公司应偿还的本金利息和，则

$$a(n)=1+i \cdot n \qquad (3-1)$$

式中，i 表示单利率，n 表示期限。

收款法的利息通常是按照剩余本金计算的，借款期间的利息与本金分开计算并且在特定的还款日一起支付给银行。收款法的利率可能是固定的，也可能是浮动的，这取决于借款合同的具体条款。收款法的还款计划清晰、易于理解和预测。如果利率是浮动的，借款公司会面临利率上升的风险，这将增加未来的财务负担。

二是贴现法。贴现法是银行在提供借款时，提前扣除利息的一种方法。具体操作是，银行在贷款发放时，就根据贷款总额和约定的利率计算出整个贷款期间的利息，然后从贷款总额中扣除这部分利息，只发放剩余的本金给借款公司。贴现法的借款公司实际获得的资金少于合同上的借款总额，但在还款时只需偿还原始的借款总额。这种方法常用于短期融资，尤其适用于那些需要立即获得资金且借款周期较短的情况。然而，贴现法的实际利率（即对实际获得资金计算的利率）通常高于名义利率。

三是加息法。加息法是指银行在贷款的名义利率的基础上加收一定比例的利率。这种方法通常用于浮动利率贷款，其中银行根据市场利率的变动对借款利率进行调整。在加息法中，借款公司面临的是一个初始的较低利率，但随着市场利率的上升，实际支付的利率也会随之增加。这种方法为借款公司提供了一定程度的灵活性，尤其是在市场利率较低时期，但带来了市场利率上升时利息负担增加的风险。

2. 实际利率的影响因素

在我国，各类银行贷款的利率是由央行规定的。但央行规定的仅仅是一个名义利率，而对公司融资的资本成本产生实质影响的是实际利率。实际利率与名义利率之间存在偏差，产生偏差的因素主要有以下三种：

一是最低存款余额条款。最低存款余额条款是银行为了确保账户持有人保持一定数额的存款而设定的条件，它对实际利率有显著影响。当公司申请贷款时，银行可能要求其在账户中维持一定的最低存款余额。这部分资金虽然在账户中，但实际上不能被公司自由使用，这就降低了贷款的有效额度。从实际运作的角度来看，这意味着公司实际可用的贷款金额低于名义上的贷款总额。因此，即使名义利率保持不变，公司实际上却需要为实际使用的较小金额支付相同的利息，从而导致实际利率的提高。这种情况尤其在短期融资中更为常见，公司需要仔细考虑最低存款余额条款对贷款成本的影响。

二是利息支付方式。利息支付方式，如利息支付额和利息支付时间，是影响实际利率大小的关键因素之一。具体来说，利息支付额决定了借款人需要支付的利息总量，而利息支付时间则决定了这些利息如何分配在整个借款期限内。

利息支付额通常是基于借款额和约定的利率计算得出的。如果利率较高或借款金额较大，利息支付额自然也就更高。在某些借款安排中，利息可能会根据特定的指标或市场条件浮动，这会导致利息支付额的不确定性，增加借款人的财务风险。

利息支付时间的安排也会对实际利率产生显著影响。例如，如果利息是在贷款到期时一次性支付，那么借款人在整个借款期间都会对完整的本金产生利息，这会导致实际支付的利息总额较高。相反，如果利息按月或按季支付，随着本金的逐步偿还，后续的利息负担会逐渐减少。某些贷款允许在借款初期支付较低的利息，但这通常意味着后期的利息支付会相应增加。

三是信贷担保物的选择。一般来说，如果贷款有高价值和易于变现的担保物，如房地产或有价证券，银行可能会因为降低了信贷风险而提供较低的利率。相反，如果贷款没有担保或担保物价值较低，银行为了弥补较高的风险，可能会提高贷款的利率。担保物的性质和价值不仅影响贷款的批准与否，还可能影响贷款的成本。因此，公司在选择贷款时需要考虑自己能提供的担保物类型，以及这些担保物对贷款条件和利率的潜在影响。选择合适的担保物可以帮助公司获取更优惠的贷款条件，降低融资成本。

（二）短期借款融资的成本分析

1. 短期借款融资的利率

短期借款融资的利率多种多样，由银行根据借款公司的情况选用。主要的借款利率有以下几种：

一是优惠利率。优惠利率通常是指银行为特定客户或特定业务提供的低于普通市场利率的贷款利率。这种利率通常适用于那些信用评级高、与银行有长期合作关系的公司。优惠利率是为了鼓励公司发展或支持某些特定的行业政策。例如，为了促进小微公司的发展，银行可能会给这些公司提供优惠利率的贷款。优惠利率的设置反映了银行风险管理的策略，风险较低的公司更有可能获得较低的贷款利率。

二是浮动优惠利率。浮动优惠利率是一种动态调整的贷款利率，它通常与某个基准利率（如中央银行的基准利率）挂钩，并在此基础上给予一定的优惠。这种利率随着市场利率的变动而变动，但总体上仍低于普通市场利率。浮动优惠利率为公司提供了一定的灵活性，特别是在经济波动或利率波动较大的时期。此类利率使公司能够在市场利率下降时受益，但承担着市场利率上升时利息增加的风险。

三是非优惠利率。非优惠利率是银行按市场条件和银行自身资金成本向普通客户提供的标准贷款利率。这种利率通常高于优惠利率和浮动优惠利率，适用于那些信用评级较低或没有与银行建立长期合作关系的公司。非优惠利率反映了银行对贷款风险的普通评估，是银行在考虑了资金成本、市场竞争和风险管理后确定的利率水平。对于公司而言，非优惠利率通常意味着更高的贷款成本，因此，公司在选择贷款时会更加慎重。

2. 短期借款融资的信用条件

一是信贷额度。信贷额度是指银行根据借款公司的信用状况、还款能力、财务状况，以及历史还款记录等因素确定的最大借款限额。这一额度体现了银行对借款公司信用水平和风险承担能力的评估情况。借款公司可以在额度范围内灵活地提取和偿还资金，但不能超过设定的上限。信贷额度的确定是银行风险管理的重要组成部分，旨在控制银行信贷风险的同时满足借款公司的资金需求。信贷额度可以是固定的，也可以是随借款公司信用状况变化而变化的。对于短期借款融资而言，信贷额度提供了必要的资金灵活性，同时确保了银行资金的安全。

二是循环信贷协议。循环信贷协议是银行与借款公司之间的一种安排，允许借款公司在一定期限内反复使用、偿还和再次使用一定金额的资金。这种协议适用于对资金有周期性需求的借款公司，如季节性公司。循环信贷协议通常设有一个总信贷额度，借款公司可以根据自己的资金需求在额度范围内灵活运用资金。这种协议为借款公司提供了持续的资金来源，同时减少了每次贷款申请的手续。对银行而言，循环信贷协议能够稳定客户关系并产生持续的利息收入。

三是补偿性余额。补偿性余额是银行对借款公司设置的一种要求，即借款公司需在银行账户中维持一定数额的未使用资金作为对借款的一种补偿。这种安排确保银行在提供贷款服务的同时，能够获得一定的存款基础，增加银行的资金流动性。补偿性余额的设置可以降低银行的信贷风险，因为这部分资金可以在借款公司违约时用于偿还贷款。对于借款公司而言，这意味着它们需要承担额外的资金成本，因为这部分资金虽然存放在银行，但无法用于日常运营或投资。补偿性余额的比例和金额根据银行的政策和借款公司的信用状况而定。

四是借款抵押。借款抵押是指借款公司提供某种财产或资产作为贷款的担保。在短期借款融资中，抵押物可以是不动产（如房产、土地）、动产（如机器设备、库存商品）或其他有价值的资产。抵押贷款的核心在于，如果借款公司未能按时偿还贷款，银行有权处置这些抵押物以回收贷款资金。这种安排减少了银行的信贷风险，因为它提供了一种确保债务得以偿还的方式。对借款公司而言，抵押贷款有助于获得更高的贷款额度或更优惠的利率条款，但公司承担着失去抵押资产的风险。银行在接受抵押物时会对其进行评估，确保其价值足以覆盖借款金额。

五是偿还条款。偿还条款是短期借款融资协议中规定的借款公司必须遵守的还款规则。这些条款包括还款的时间表、利息支付方式、本金偿还方式等。在偿还条款中，银行会明确指出贷款的到期日、还款的期数、每期还款金额，以及逾期还款的后果。偿还条款是贷款协议的重要组成部分，它为借款公司和银行提供了明确的还款计划和期望。对借款公司而言，合理的偿还条款可以帮助其有效地规划资金流量和财务管理，而对于银行来说，则确保了资金的及时回收和利息收益。

六是其他承诺。除了上述条款外，短期借款融资还可能伴随着其他一些借款公司必须承诺遵守的条款。这些可能包括保持一定的财务指标（如资产负债比率、流动比率等）、不对外进行额外的负债或抵押、不进行大规模的资产出售等。这些承诺旨在确保借款公司在贷款期间维持稳定的财务状况和偿债能力，防止其采取可能增加银行风险的行为。这类条款还可能包括信息披露要求，即借款公司需定期向银行提供财务报告和其他相关信息，以便银行监控贷款风险。这些承诺是银行风险管理策略的一部分，旨在保护银行的利益，同时促进借款公司的财务稳健经营。

3. 短期借款融资的资本成本

短期借款融资的资本成本主要受到实际利率的影响。下面分析如何减少短期借款融资的资本成本。

设 i 表示实际利率，$i(m)$ 表示名义利率，$i(d)$ 表示存款利率，R 表示贷款金额 / 最低存款金额。则对 i 求关于 R 的一阶导数，得出

$$di/dR = \{i(m) \times (R-1) - [i(m) \times R - i(d)]\}/(R-1)^2 \qquad (3-2)$$
$$= [i(d) - i(m)]/(R-1)^2$$

由于 $i(d) < i(m)$，所以 $di/dR < 0$，又因为 R 与最低存款金额成线性递减关系，实际利率与最低存款金额成线性递增关系，所以在名义利率、借款金

额、存款利率等因素既定的情况下，公司通过降低最低存款金额，可以降低实际利率，并最终降低融资的资本成本。

（三）长期借款融资的成本分析

长期借款融资的资本成本主要受其实际利率的影响，而实际利率受其偿还方式以及保护性条款的影响。

1. 长期借款融资的偿还方式

一是一次性偿还。长期借款融资的一次性偿还方式是一种在贷款期限末尾将本金和利息全额一次性还清的偿还方法。在这种方式下，借款公司在贷款期间不需要还本金，只需按期支付利息，直至贷款到期时，一次性偿还全部本金和最后一期的利息。这种偿还方式在某些特定的贷款场景中非常常见，尤其是在那些预期在未来某个时间点将有大量现金流入的情况下，例如在一些大型项目投资或商业地产开发中。

从融资成本的角度来看，一次性偿还方式对借款公司的影响是多方面的。首先，由于本金在整个贷款期间未被还款，因此利息的计算是基于完整的借款金额，这导致在整个贷款期限内累计的利息金额相对较高。对于借款公司来说，这意味着虽然在贷款期间的现金流量压力较小，因为只需支付利息，但长期来看，总的利息成本可能会比分期偿还的方式更高。

二是分期偿还。分期偿还是长期借款融资中的一种常见偿还方式，它允许借款公司在整个贷款期限内，通过定期支付一定数额的资金逐步偿还贷款的本金和利息。这种偿还方式通常涉及两种主要形式：等额本息和等额本金。在等额本息方式下，借款公司每期偿还的金额是固定的，包含部分本金和利息；而在等额本金方式下，借款公司每期偿还相同数额的本金，但由于本金余额逐渐减少，每期的利息支出也随之减少，导致后期的总还款额逐渐降低。

分期偿还方式使借款公司可以更加平均地分配贷款的偿还负担，减轻在任何特定时间点的财务压力。从长期角度来看，分期偿还通常意味着相对较低的总利息支出，因为随着贷款本金的逐渐偿还，计算利息的本金余额也在持续减少。这一点在等额本金的偿还方式中尤为明显，因为每期的本金偿还金额固定，导致利息支出随时间显著降低。

2. 长期借款融资的保护性条款

长期借款融资中的保护性条款是贷款协议中设计用来保护贷款机构利益的特定条款，这些条款能够通过影响实际利率进而影响整体的融资成本。长期借款融资的保护性条款主要包括以下几种：

一是一般性保护条款。一般性保护条款是指那些常见且通常出现在大多数贷款协议中的条款。这些条款包括借款人必须遵守的法律法规、保持特定的财务比率（例如资产负债比率、流动比率等）、定期提交财务报告的要求等。通过维持一定的经营和财务标准，一般性保护条款有助于降低贷款机构的风险，这可能导致更低的实际利率。当贷款机构感到其资金较为安全时，它们可能愿意以较低的利率提供贷款。然而，这些条款也可能带来一定的合规成本，借款公司需花费资源以确保满足这些要求，从而间接增加融资总成本。

二是例行性保护条款。例行性保护条款是指那些在特定行业或贷款类型中常规出现的条款。这些条款可能包括借款用途的限制、特定资产的保险要求、债务与收入比率的维持等。例行性保护条款可以减少贷款机构面对特定风险的担忧，如资产损失或借款用途的偏离，从而有助于降低贷款的实际利率。例行性保护条款可能要求借款人采取额外的措施或限制其业务活动，这些要求可能对借款人的运营灵活性造成影响，并可能增加其经营成本。

三是特殊性保护条款。特殊性保护条款是指针对特定借款人或特定贷款情况而设定的定制化条款。这些条款可能包括对某些特殊资产的额外保护要求、对借款人进行特定项目投资的限制，或者在特定情况下对借款人业务的额外监控。这类条款通常是基于贷款机构对借款人特定风险的评估而制定的。它们可以显著降低贷款机构的特定风险，从而可能导致更优惠的利率条件。然而，对于借款公司而言，这些定制化条款可能意味着更多的运营限制和监控成本，这些限制和成本可能增加借款人的整体融资成本。

三、银行借款融资渠道的选择策略

随着金融信贷业的发展，可向公司提供贷款的银行和非银行金融机构增多，公司可以在各贷款机构之间做出选择，以图对己最为有利。公司在选择银行时，重要的是选用适宜的借款种类、借款成本和借款条件，还应考虑下列有关因素：

（一）银行对贷款风险的政策

当公司选择银行进行借款时，公司首先需要关注的是银行对贷款风险的政策。这一政策通常包括银行如何评估和管理贷款风险，以及它们在面对不同类型贷款时的风险承受能力。银行的风险管理政策会直接影响到贷款的条件，包括贷款利率、贷款额度、需要的抵押物的类型，以及贷款的审批流程和速度。对于风险管理较为保守的银行，它们可能要求更高的抵押担保、更严格的财务标准和更低的贷款额度，而风险承担能力较强的银行可能在这些方面更为宽松。因此，公司在选择银行时需要考虑自身的财务状况、资产状况，以及对风险的承受能力，以便找到与自己风险偏好相匹配的银行。

（二）银行对公司的态度

银行对公司的态度也是公司在选择银行时需要考虑的重要因素。这不仅包括银行对公司贷款申请的整体态度和愿意提供的服务水平，还包括银行对于特定行业或公司规模的偏好。某些银行可能更倾向于支持特定行业的公司，或者更喜欢与大型公司合作，而其他银行则可能对中小型公司更为友好。银行的这种态度将直接影响到贷款审批的难易程度、贷款条件的优惠程度，以及未来合作的持续性和稳定性。此外，银行对公司的态度还体现在其提供的附加服务上，如财务顾问、行业分析等。这些服务对于公司未来的发展和财务规划至关重要。因此，公司在选择银行时，不仅要考虑银行提供的贷款条件，还要考虑银行的整体服务态度和对公司的支持程度。

（三）专业化的贷款程序

专业化的贷款程序反映了银行处理贷款申请和管理贷款的能力和效率。专业化的贷款程序不仅意味着贷款申请过程的透明和高效，也意味着银行能够提供符合特定业务需求的定制化贷款解决方案。在专业化的贷款程序中，银行通常会对公司的财务状况、现金流量情况、业务模式，以及市场状况进行细致的分析，以确保所提供的贷款产品最大限度地符合公司的需求。此外，专业化的贷款程序还包括银行在贷款期间对公司的跟踪管理和支持，以及能够在公司遇到财务困难时提供的协助和建议。这种专业化的贷款管理不仅能降低公司的融资风险，也有助于公司更好地利用贷款资金，支持其业务发展。因此，公司在选择银行时，应仔细考察和评估银行的贷款程序是否具有高度的专业化和定制化，以及银行是否能提供持续的支持和服务。

（四）银行的稳定性

银行的稳定性直接关系到贷款资金的安全性和贷款协议的可靠性。一个稳定的银行通常拥有良好的资本充足率、健康的财务状况、稳健的风险管理体系，以及良好的市场声誉。选择一个稳定的银行可以为公司提供一个安全可靠的融资环境，减少因银行自身问题导致的融资中断或贷款条件突变的风险。银行的稳定性通常意味着它能够提供更持续和稳定的贷款服务，这对于需要长期融资支持的公司尤为重要。在评估银行的稳定性时，公司可以考虑银行的历史业绩、资本结构、风险管理策略、市场评价，以及监管机构的评估等多个方面。选择稳定的银行不仅是为了确保贷款的顺利进行，也是公司未来长期发展的需要。

（五）额外的服务与支持

公司在选择银行时，除了考虑基本的贷款条件外，还应该考虑银行能否提供额外的服务与支持。这些服务可能包括市场分析、行业洞察、财务顾问等。这些额外服务对于公司管理贷款、优化财务结构，以及长期战略规划具有重要意义。一个能够提供全面服务的银行能够帮助公司不仅在融资方面，而且在整体运营和战略规划方面实现更好的管理和成长。例如，银行提供的市场分析和行业洞察可以帮助公司更好地把握市场机遇，财务顾问服务则可以助力公司优化资本结构和提高财务效率。

四、银行借款融资渠道的维护策略

公司在选择好融资渠道之后的重要工作就是融资渠道的维护。融资渠道的选择是短期工作，而渠道的维护却是长期工作。银行借款融资渠道的维护策略具体体现在以下几方面，如图 3-2 所示。

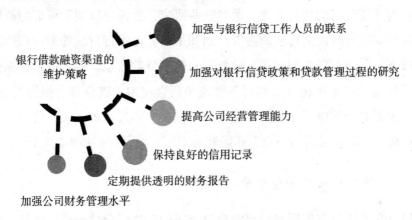

图 3-2　银行借款融资渠道的维护策略

（一）加强与银行信贷工作人员的联系

银行信贷工作人员是公司与银行间沟通的桥梁，他们在决定贷款审批过程、条件设置，以及定价策略方面扮演着关键角色。建立并维护与这些关键人员的良好关系对于确保顺畅的贷款流程和获得有利的贷款条件至关重要。公司应该采取主动和策略性的方式来建立这种联系。这包括定期的会面、电话沟通，以及通过各种正式和非正式的场合与银行信贷工作人员交流。在这些交流中，公司不仅可以更好地了解银行的贷款政策和市场趋势，还可以向银行展示其业务的实力和信用状况，增加银行对公司的信任和理解。良好的关系还有助于在贷款过程中快速解决问题。公司可以通过这些联系获取贷款申请的反馈，及时调整申请材料，或者在遇到困难时寻求银行信贷工作人员的帮助。在经济或市场环境变化时，这些联系同样至关重要，因为它们可以帮助公司迅速适应变化，调整融资策略。

（二）加强对银行信贷政策和贷款管理过程的研究

公司需要持续关注银行信贷政策的变化，因为银行的信贷政策往往会根据宏观经济状况、市场动态和监管环境的变化而调整。对银行贷款管理过程的研究不仅包括对官方政策的分析，还应该包括与银行信贷工作人员的沟通和行业内其他公司的经验分享。通过这些研究，公司可以预测可能的政策变化，从而能够及时调整自己的融资计划和策略。对银行贷款管理过程的理解还可以帮助公司在贷款期间更好地管理和使用贷款资金。公司可以根据银行的贷后管理程序来优化自己的财务管理和资金使用，确保符合银行的要求，从而在未来的贷款申请中建立良好的信用记录。通过这种方式，公司不仅能够保证现有的融资渠道的稳定，还能够为未来的融资打下坚实的基础。

（三）提高公司经营管理能力

银行在考虑贷款申请时，通常会对公司的整体经营状况进行评估，包括市场定位、管理团队的能力、运营效率、财务健康状况，以及未来的盈利潜力。因此，公司需要展示其强大的经营管理能力，以增强银行的信心。具体来说，这意味着公司需要持续优化业务流程，提高产品或服务的质量和公司的竞争力。拥有一个有经验且能够应对市场变化的管理团队对于提高公司的吸引力也非常重要。公司应当不断追求创新，适应市场变化，展示其盈利的潜力。通过不断提升经营管理能力，公司不仅能够提高自身的市场竞争力，还能够在银行眼中成为一个值得贷款的对象。这样的公司更有可能得到银行的支持，享受到更优惠的贷款条件和更广泛的融资渠道。

（四）保持良好的信用记录

银行在评估贷款申请时会重点考察公司的信用历史，包括以往的贷款记录、偿债能力，以及财务责任感。良好的信用记录能够证明公司的财务稳定性和信用可靠性，是银行评估借款风险的重要指标。为了保持良好的信用记录，公司应确保按时偿还所有债务，包括贷款本金和利息。公司在财务规划中应考虑偿债能力，避免过度借贷导致财务紧张。

（五）定期提供透明的财务报告

财务报告通常包括利润表、资产负债表、现金流量表，以及对财务状况的详细分析。这些报告应当真实反映公司的财务状况，包括收入、支出、资产、负债和股东权益等。通过定期提交财务报告，公司可以向银行展示其稳健的财务管理和可持续的经营能力。这种做法不仅有助于在现有的贷款协议中保持良好的立场，也在未来寻求进一步融资时增强了银行的信任。此外，透明的财务报告也使银行能够及时了解公司可能面临的财务风险，并在必要时提供支持或建议，这有助于构建更为紧密和互信的合作关系。

（六）加强公司财务管理水平

高效的财务管理包括有效的资金分配、风险控制、成本控制和收益最大化。公司应通过优化预算制定、资金配置、债务管理和投资决策等方面，来提高资金使用的效率。公司可以通过实施严格的内部控制系统、采用先进的财务软件工具、进行定期的财务审计来加强财务管理水平。公司应重视对市场趋势和经济环境的分析，以便及时调整财务策略，应对外部变化带来的影响。有效的财务管理能够提高公司在银行眼中的信誉度，减少财务风险，从而在未来获得更好的贷款条件和更广泛的融资渠道。

第二节 债券融资

债券融资是指公司等经济主体为筹集资金而依照法定程序发行约定在一定期限内还本付息的有价证券的一种融资方式。

一、债券融资概述

债券是一种有价证券，是由政府、公司、金融机构为筹集资金而出具的承诺按一定利率定期支付利息，并到期偿还本金的债权债务凭证。在这种关系中，债券发行者负有义务，称为债务；投资者享有权利，称为债权。投资者要求债券发行者按期支付利息和偿还本金，其权利的实现，就是债券发行者应履行的义务。[①]

（一）债券的基本要素

债券作为债权债务凭证，主要包括以下几个基本要素：

1. 债券面值

债券面值是指投资者在债券到期时应收回的固定金额。这个金额是在债券发行时确定的，并通常以标准化单位出现（例如 100 美元、1000 美元）。债券面值对于确定债券投资的回报至关重要，因为债券的利息通常是基于债券面值来计算的。债券的市场价值可能会因市场利率、信用风险和债券剩余期限等因素的变化而波动，但债券面值保持不变。在债券到期时，除非发行方违约，否则投资者可以期待收回等同于债券面值的金额。因此，债券面值是衡量债券投资和回报的关键基准。

2. 发行价格

发行价格是指债券最初向投资者出售时的价格。这个价格可能等于、高于或低于债券面值。当债券以高于债券面值的价格发行时，称为溢价发行债券；当其以低于债券面值的价格发行时，称为折价发行债券。发行价格受多种因素影响，包括市场利率、发行方的信用状况，以及市场对该类债券的总体需求。例如，如果市场利率低于债券的票面利率，债券可能会以高于面值的价格发行。发行价格对投资者而言非常重要，因为它直接影响投资者的购买成本和最终的收益率。

---

① 盛洪昌，于丽红，盛守一. 证券投资学［M］. 2 版. 南京：东南大学出版社，2019：28.

3. 票面利率

票面利率是指债券发行者根据债券的面值向投资者支付的年利息金额的百分比。票面利率可以是固定的，也可以是浮动的，后者通常与某个基准利率（例如伦敦同业拆出利率或政府债券的利率）相关联。票面利率是衡量债券回报的关键因素。在固定利率债券中，利息支付通常按照固定的时间间隔（如每年或每半年）进行，而浮动利率债券的利息支付可能会随着基准利率的变化而变动。利率水平与债券的市场价值密切相关，通常市场利率的上升会导致现有债券价格的下降，反之亦然。

4. 还本期限

还本期限是指债券本金需要被完全偿还的具体日期。还本期限对于投资者来说至关重要，因为它确定了资金投入的时间长度和资金回收的时间点。债券可以根据其还本期限长度的不同分为短期债券、中期债券或长期债券。短期债券通常是指期限在一年以下的债券，中期债券的期限一般在一年至十年之间，而长期债券则是指期限超过十年的债券。还本期限的长短直接影响着债券的风险和收益特性。一般而言，期限越长的债券，其价格对市场利率变动的敏感性越高，风险相对较大；而短期债券则因其较快的本金回收而通常被视为风险较低的投资选择。

5. 发行主体

债券的发行主体是指发行债券的机构或组织，它决定了债券的信用质量和债券的风险等级。发行主体可以是政府、金融机构、公司或其他类型的组织。不同类型的发行主体所带来的信用风险是不同的。例如，政府债券通常被视为风险较低的投资，因为它们背后有政府的信用和税收能力作为支持；而公司债券的风险则依赖该公司的财务状况和盈利能力。发行主体的信誉和财务健康状况通常通过信用评级来衡量，高信用评级的债券被认为是较安全的投资，但相应的收益率通常较低。了解和评估债券的发行主体对于投资者而言至关重要，因为这关系到他们投资的安全性和潜在的回报率。

6. 还款方式

还款方式是指债券的本金和利息如何偿还给投资者的具体安排。这包括利息的支付频率、支付方式，以及本金的偿还方式。债券按利息支付方式的不同可以分为固定利率债券和浮动利率债券。固定利率债券在整个债券期限内支付相同比例的利息，而浮动利率债券则根据某个基准利率的变化而调整利息支付。本金的偿还方式通常分为到期一次性还本和分期偿还两种。到期一次性还本意味着在债券到期时支付全部本金，而分期偿还则意味着债券本金在债券期限内逐渐支付。了解还款方式对于投资者来说非常重要，因为还款方式影响了他们的现金流量和投资的风险评估。不同的还款方式适合不同的投资需求和风险偏好，因此投资者在选择债券时需要仔细考虑还款方式与自身财务规划的匹配度。

（二）公司债券的基本特点

公司债券的基本特点如图 3-3 所示。

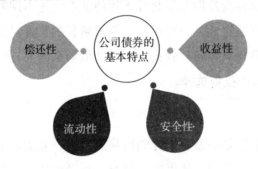

图 3-3　公司债券的基本特点

1. 偿还性

公司债券的偿还性是指公司必须按照既定的条件和时间向投资者偿还本金和利息。这种偿还通常是有保证的，意味着投资者在到期时可以获得确切的收益。用于偿还本金和利息的资金来源通常是公司的运营收入或者特定资产的收益。偿还性强调了公司履行债务的责任和能力，是衡量债券安全性的重要因素之一。

2.流动性

公司债券的流动性是指债券可以在证券市场上转让流通，投资者可按照自己的需要出售相应的债券，并收回资金。当然，这取决于市场对转让债券提供的便利程度。由于债券品种和规模巨大，且其可在场内市场也可以在场外市场交易，所以债券市场一般都具有较好的流动性。[①] 投资者除了将所持有的债券在证券市场或场外市场卖出之外，还可以将债券作为抵押品取得抵押借款。

3.安全性

公司债券的安全性体现在投资者在债券到期时能够无条件收回本金的可能性，这一点使其相较于其他有价证券具有较小的投资风险。这种安全性主要由几个因素支撑。首先，公司债券的利率通常是固定的，这意味着收益不会因市场利率的波动而改变，为投资者提供了一定的稳定性。其次，公司债券的偿还受到法律的保护，通常有相应的单位提供担保，这增加了其安全性。最后，公司债券的发行是一个经过严格审查的过程，其发行条件和发行量受到控制，这些措施进一步确保了债券的安全性。

4.收益性

公司债券的收益性主要表现在两个方面。

一是投资者可以获得的利息收入，这通常高于普通银行存款的利率，为投资者提供了相对较高的固定收入。

二是投资者可以通过证券市场进行买卖操作，利用市场价格波动获得价差套利。当市场条件有利时，投资者可以通过以低价购买债券，后以高价卖出的方式，获得额外的资本收益。

这种双重收益机制使公司债券成为既稳定又具有一定收益潜力的投资工具。

---

① 罗忠洲. 投资银行学［M］. 上海：复旦大学出版社，2021：135.

（三）公司债券的分类

按照不同的分类标准，公司债券可以分为不同的类型，具体分类如表3-1所示。

表3-1　公司债券的分类

分类依据	具体分类
期限	短期债券（1年以内）
	中期债券（1～10年）
	长期债券（10年以上）
是否记名	记名债券
	不记名债券
债券有无担保	信用债券
	担保债券
是否可以提前赎回	可提前赎回债券
	不可提前赎回债券
债券票面利率是否变动	固定利率债券
	浮动利率债券
付息方式	贴现债券
	付息债券
是否给予投资者选择权	附有选择权的债券
	不附有选择权的债券

（四）债券融资的优点

债券融资是公司融资的重要方式，具有以下显著优点：

1.融资成本较低

债券融资的成本通常低于其他融资方式，特别是股权融资。债券的利息支出在公司的财务报表上作为税前费用扣除，从而降低了公司的应纳税所得，进而降低了税负。此外，由于投资者在公司破产时的偿付顺序高于股东，债券融资相对于股权融资来说风险较低，因此债券的利率通常低于股权投资的成本。这种低成本的融资方式特别适合那些稳定现金流量的成熟公司，它们可以更加有效地利用债券融资来降低整体融资成本，从而提高公司价值。

2. 发挥财务杠杆作用

债券融资可以有效地发挥财务杠杆，提高公司的股东回报率。当公司通过债务融资而非股权融资时，它可以在不增加股东数量的情况下增加资本，从而使每股收益（earnings per share, EPS）增加。如果公司的投资回报率高于债券的利率，这种差额将增加股东的收益。因此，适度的债务融资可以提高公司资本的使用效率，通过财务杠杆增加公司价值和股东财富。

3. 保障股东控制权

与发行新股相比，债券融资不会稀释现有股东的持股比例，也不会改变公司的控制权结构。股权融资涉及股份的发行，这可能导致现有股东在公司中的控制力降低。相反，债券融资仅仅创建了债券发行人和投资者之间的关系，并不赋予投资者对公司经营决策的控制权。这对于希望保持公司控制权在一定圈子内或家族内的公司尤其有利。

4. 便于调整资本结构

债券融资可以灵活地调整公司的资本结构，优化债务和权益的比例。通过发行债券，公司可以调整其财务杠杆，实现最优的资本成本。在资本市场环境变化或公司经营策略调整时，公司可以通过调整债务水平来适应这些变化。此外，债券融资的多样性（如长期利率、短期利率、固定利率或浮动利率等）为公司提供了更多的选择来适应不同的融资需求。

二、债券的发行方式和发行程序

（一）债券的发行方式

债券的发行方式是指公司发行债券以筹集资金的不同方法。债券的发行方式通常有两种：一种是私募；另一种是公募。

1. 私募

私募是指债券直接向有限的投资者发行，而非在公开市场上广泛募集。

这种发行方式通常面向机构投资者或高净值个人，而非普通公众。由于这种发行方式的针对性强、私密性高，私募债券成了许多公司获取资金的有效途径。

在私募债券发行中，公司与投资者之间的交易通常更加灵活。相较于公开市场，这种灵活的交易允许更深入的谈判，包括利率、期限、偿还条款等方面。由于交易对象数量有限，公司可以更好地控制发行过程，包括加快发行速度和降低发行成本。此外，私募债券通常不需要严格的公开披露要求，这为公司节省了大量的准备时间和成本，同时保护了公司的商业敏感信息不被广泛公开。

私募债券的法律和监管要求相对较为宽松，尤其是在披露方面。这种宽松的监管环境为中小型公司提供了发行债券的机会，这些公司可能因为公开市场的高成本和复杂要求而无法发行债券。然而，尽管监管要求较宽松，公司在进行私募时仍需遵守相关的法律规定，确保交易的合规性。

私募债券通常具有较高的风险和收益。由于它们不在公开市场交易，因此流动性较低，这可能导致投资者要求更高的收益来补偿这种不易转手的风险。由于投资者数量有限，公司可能面临较高的资金成本，尤其是在信用评级较低或市场情绪不稳定时。

2. 公募

公募是一种通过公开市场向广大投资者募集资金的方式。这种方法以其透明度高、参与者众多的特点，成为公司尤其是规模较大的公司筹集资本的重要手段。

在公募过程中，公司需要遵循一系列严格的法律和监管要求。这包括详细的财务和业务信息披露，以确保潜在投资者能够做出基于充分信息的投资决策。这种透明度要求公司必须公开其财务状况、运营状况、市场前景，以及债券发行的具体条款。公募需要经过中国证券监督管理委员会的批准，确保所有过程符合市场规则和法规。

公募债券通常由一家或多家投资银行作为承销商进行承销。这些承销商负责评估债券的定价、发行时间等关键因素，并在发行过程中担任中介角色，确保债券成功销售给投资者。这种承销不仅涉及债券的实际销售，还包括市场营销活动，以提高发行的成功率。

公募债券能够吸引大量的投资者，包括个人投资者、机构投资者等。这种多元化的投资者有助于提高债券的流动性，使投资者在需要时更容易买卖债券。更高的流动性通常意味着更低的风险溢价和更有吸引力的融资成本。

（二）债券的发行程序

1. 做出发行债券的决议

公司如果要发行债券筹集资金，必须先做出发行债券的决议。在做出这一决议时，公司首先需要对自身的财务状况进行彻底的评估，包括但不限于现有的债务水平、未来的现金流量预测、资本支出计划，以及整体财务战略。公司还需要考虑市场状况，如当前的利率环境、市场对债券的需求和接受度等因素，以确定市场是否有利于发行债券。在此过程中，公司需要与内部和外部的财务顾问进行深入的讨论，以确保发行计划的可行性和合规性。这些讨论有助于确定债券发行的总额、期限、利率等关键参数，同时考虑潜在的风险和经济条件的影响。发行债券的决议需要获得董事会的批准。在某些情况下，根据公司章程或适用的法律法规，这一决议还可能需要提交给公司股东大会进行投票。董事会和股东的批准不仅是一个法律和形式上的必要步骤，更是对公司未来财务规划方向的重要认可。

2. 制定发行债券的章程

公司做出发行债券的决议后，应制定发行债券的章程。债券发行章程通常包括债券的类型，明确债券是普通债券、可转换债券还是其他特殊类型的债务工具。它还规定了债券的面额、发行价格和利率，利率部分需要详细说明利率是固定的还是浮动的，以及任何相关的利率调整机制。章程还需明确债券的还本期限，以及还本付息的具体方式和时间表。此外，章程要详细说明债券发行的法律条款，包括投资者的权利和义务、债券发行人的责任，以及债券的违约条件。对于担保债券，章程还会详细说明担保的具体形式和条件。这些法律条款对于保护投资者利益和确保债券市场的公平交易至关重要。

制定债券发行章程的过程通常涉及多方协作和严谨的法律审核。这个章程首先由公司内部团队，包括财务部门和法务部门，进行初步草拟。这些团队会基于公司的财务状况、资金需求，以及市场条件来确定章程草案的主要内容。接下来，公司会与外部的法律顾问合作，对章程草案进行细致的审查和修改。法律顾问确保所有条款符合相关的法律和监管要求，并且充分保护了公司及其投资者的利益。这个阶段可能涉及对章程中的某些条款进行反复的讨论和调整，以平衡公司的融资需求和对投资者的保护需求。在法律顾问审核的过程中，公司还需要与潜在的投资者或债券承销商进行沟通，以获取市场反馈。这些反馈有助于公司调整章程中的条款，使其更符合市场的期望和需求。一旦章程草案经过内部和外部的全面审查，并得到所有相关方的批准，它就会被正式采纳为债券发行的官方文件。此时，章程成了债券发行的法律和商业基础，为接下来的发行程序奠定了坚实的基础。

3. 办理债券等级评定手续

发行债券的公司需向证券监督管理委员会指定的资信评估机构申请进行债券信用评级，这一过程是债券发行前的一个重要步骤。通常，只有当资信评估机构出具的债券等级为 A 级或以上时，公司才被允许正式提出发行申请。这一标准确保了只有那些具备一定偿债能力的公司能够进入债券市场，从而保护投资者的利益。

债券的信用等级是对公司偿还债券本息能力及公司风险程度的综合评价。这一评价不仅基于公司的财务状况和历史记录，也考虑其在特定经济环境下的表现和稳定性。信用评级机构通过深入分析公司的财务报表、市场地位、业务模型，以及行业的状况等多方面因素，来决定债券的信用等级。债券的信用等级分为三类三等九级，具体如表 3-2 所示。

表 3-2 债券的信用等级

等级	债券信用等级	具体含义
投资级（一等）	AAA	发行公司具备极高的还本付息能力，投资者没有风险
	AA	发行公司具备很高的还本付息能力，投资者基本没有风险
	A	发行公司具备较高的还本付息能力，但与前两种相比，易受经济变化的影响，投资者风险较低
投资级（二等）	BBB	发行公司具备一定还本付息能力。但债券需一定的保护措施，一旦有变，发行公司的偿还能力削弱，有一定的投资风险
	BB	发行公司具有投机性，不能认为将来有保证，对本息的保证是有限的，投资风险较大
	B	发行公司的还本付息能力低，保证低，投资风险大
投资级（三等）	CCC	发行公司的还本付息能力很低或信誉不好，可能违约，危及本息安全，投资风险极大
	CC	发行公司的还本付息能力极低，具有高度投机性，经常违约，有明显缺点，投资风险大
	C	等级最低，发行公司经常违约，根本不能作真正的投资，或没有还本付息能力，绝对有风险

债券的信用等级为投资者提供了重要的风险情报，帮助投资者在选择投资对象时做出更加合理的决策。高信用等级的债券通常被视为安全投资，而低信用等级的债券则可能提供更高的收益率，以补偿其更高的风险水平。对于发行公司来说，一个良好的信用评级不仅能提高其在市场上的知名度，增

强其对投资者的吸引力，还能有效降低筹资成本。这是因为高信用评级降低了投资者的风险预期，从而使公司能以更低的利率发行债券。高信用评级也有助于公司在公开市场上更顺利地发行债券，扩大其资金筹集渠道。

4. 提出发行债券申请

公司需要通过当地的发展和改革委员会向上一级发展和改革委员会提交发行债券申请。省级发展和改革委员会在收到申请后，会根据项目的具体情况进行初选，并将符合条件的公司上报给国家发展和改革委员会。对于被认为较好的公司，相关工作人员还需要对该公司进行现场考察，以核实担保情况和项目进展，确保所有信息准确无误。

在申请过程中，公司需要提交一系列重要的文件和资料，包括项目批文（如可行性报告和初步设计报告）、近三年由会计师事务所审计的财务报告、贷款证明、负债结构表、营业执照、项目和公司效益预测、偿还计划等。若公司的项目属于重点项目，还需提供重点项目批文、信用等级评级证明，以及担保和代理承销的意向书等。

证券监督管理委员会根据法律和法规对债券发行申请进行审查。这个审查过程旨在确认公司的申请是否符合所有法律规定，保证债券的发行合法合规。对于符合条件的申请，证券监督管理委员会批准其发行债券。如果在审查过程中发现申请不符合法律规定，之前做出的批准将会被撤销。对于尚未发行的债券，公司将停止其发行过程；对于已经发行的债券，公司必须向投资者退还款项并支付相应的银行利息。

5. 公告债券募集方法

公司债券募集办法中应载明下列各项：公司名称、债券总额和债券的票面金额、债券利率、还本付息的期限和方式、债券发行的起止日期、公司净资产额、已发行而尚未到期的公司债券总额、公司债券的承销机构。

6. 签订承销合同

在这个阶段，承销商和发行公司就债券的发行条件、定价策略、销售方式，以及费用和佣金等进行协商。协商一致后，签订承销合同。承销合同还包括各种法律条款，确保双方在整个发行过程中的权利和义务得到明确。签订这一合同后，承销商通常会组建一个承销团，与其他金融机构共同分担销售债券的责任和风险。这一步骤对于保证债券顺利销售至关重要，因为承销商的市场影响力和销售能力直接影响着债券的市场接受程度。

7. 发售债券

根据承销合同的条款，承销商开始向投资者推销债券。这通常包括一系列的营销活动，例如举办路演、发布投资说明书和与潜在投资者的会面等。债券的发售可能以公开募集或私下放售的方式进行，具体方式取决于债券的类型和目标投资者群体。在这一阶段，有效的市场营销和正确的定价策略对于吸引投资者、实现债券的顺利销售至关重要。

8. 收进债券款项

到债券发售期截止日，扣除承销机构应得的手续费后，发行公司向承销机构收缴债券款项，债券发行即告结束。

三、债券融资的具体策略

债券融资的具体策略主要涉及两个方面：债券的设计策略和债券的发行策略。

（一）债券的设计策略

1. 债券种类的选择策略

公司债券的种类繁多，不同的债券，其发行条件不尽相同。公司发行债券的种类，主要取决于以下几个因素：

一是公司融资需求。若公司的目标是满足中长期资金需求，它应考虑发行中期债券或长期债券。这种债券能够为公司提供稳定的资金流量，也使公司有更充裕的时间来安排资金的使用和还款。若公司的需求是短期资金，发行短期债券更为合适。这样的债券通常具有更低的利率，并且能够更快地反映市场利率的变化。

二是公司自身状况。公司的经营状况、财务健康程度、信用等级和社会知名度等都是决定债券种类的关键因素。信用等级高、知名度好的公司发行公募债券通常能获得更好的融资效果。反之，公司若状况不佳，可能需要考虑通过私募债券来吸引特定投资者群体。

三是宏观经济条件。在高通货膨胀预期的情况下，发行浮动利率债券更为合适。浮动利率债券的利率随市场利率变动，这可以帮助投资者对冲通货膨胀风险，也能使公司在不稳定的经济环境中保持资金成本的可预测性。

四是投资者需求。在选择债券种类时，公司必须确保债券符合投资者的需求，以确保融资的成功。当前市场的投资者若更看重债券的流动性和附加权益，则可转换债券或带有权证的债券可能更受欢迎。

2. 票面金额的确定策略

在决定债券票面金额时，公司需要平衡发行成本和发行量的关系。较大的票面金额可以降低债券的发行成本，因为发行的数量较少，相关的管理和交易成本也会相对减少。然而，大额债券限制了发行量，因为它们对于资金较少的投资者来说吸引力不够。反之，较小的票面金额虽然更适合中小投资者，有助于增加债券的发行量，但会提高发行成本。这是由于需要管理和处理更多数量的债券，从而增加了交易和管理的复杂性。

债券票面金额的确定还应考虑发行对象。面向机构投资者发行债券时，可以选择较大的票面金额，因为这些投资者通常有更强的资金实力和更高的投资限额。相反，面向社会大众发行债券时，应选择较小的票面金额，以适应广泛投资者的资金能力和投资偏好，确保债券的广泛吸引力和流通性。

3. 偿还期限的确定策略

确定债券合理的偿还期限，要考虑以下几个因素：

一是公司资金需求。公司发行债券是为了满足特定时期的资金需求。公司的目标如果是解决短期资金不足，那么公司应选择发行较短的偿还期限的债券。这样的债券对于公司来说风险较小，因为它们可以快速偿还债务。相反，公司如果计划进行长期投资，例如大型项目开发或长期资产购置，那么

较长的偿还期限更为适宜。长期债券提供了更长的资金使用时间，但意味着
更长时间的财务负担。

二是投资者投资意愿。长期债券因其较高的风险而不受某些投资者欢
迎。公司需要评估投资者的投资能力、动机和行为偏好。目标市场的投资者
如果更倾向于长期投资，并且愿意承担相应的风险，那么公司可以选择发行
较长的偿还期限的债券。反之，投资者如果偏好短期投资，那么公司应考虑
发行短期债券。

三是债券市场的流通性。在流通性较高的市场中，投资者可以轻松地买
卖债券，这降低了持有长期债券的风险。因此，在这样的市场环境下，公司
倾向于发行偿还期限较长的债券。然而，如果市场流通性较低，投资者不愿
意承担长期债券的风险，这时候短期债券会更受欢迎。

4. 债券利率的确定策略

债券利率是发行公司资本成本的重要组成部分。债券利率是投资者主要
的投资收益来源。高利率意味着投资者可以获得更多的收益，从而增加债券
的发行量；相对地，低利率导致投资者收益减少，进而影响债券的发行量。
然而，对于发行公司来说，更高的债券利率也意味着承担更重的负担和更高
的筹资成本。因此，在发行债券时，发行公司必须谨慎确定一个适当的利
率。在这个过程中，发行公司通常需要考虑多个因素，包括公司自身状况、
市场上其他债券的利率、市场供求关系和债券偿还期限等，以确保既能吸引
投资者，又不至于过度增加公司的财务负担。

一是公司自身状况。公司的经营状况和信用等级对债券利率的确定起着
决定性作用。经营状况良好、信用等级高的公司可以设定较低的债券利率，
因为其债券的安全性较高，能够弥补市场波动可能带来的投资收益损失。对
于这类公司来说，债券的低风险特性吸引了众多投资者。相反，经营一般或
信用等级不高的公司需要设定更高的利率来吸引投资者，以弥补该公司发行
的债券的风险较高而带来的不确定性。

二是市场上其他债券的利率。公司在竞争激烈的债券市场中，需要通
过提供具有竞争力的利率来吸引投资者。如果市场上类似公司的债券利率较

高，公司在发行债券时也需要相应提高利率以保持竞争力。相反，如果市场上其他债券的利率较低，公司可以适当降低债券利率。

三是市场供求关系。在供大于求的市场环境下，公司可能需要降低债券利率以吸引投资者。而在供不应求的市场环境下，公司可以提高债券利率，因为在资金紧缺的市场环境中，投资者更愿意接受较高的利率。公司应准确预测市场供求关系的变化，选择合适的时机发行债券，以降低资本成本。

四是债券偿还期限。一般而言，在确定债券的利率时，公司需考虑债券的偿还期限。长期债券由于其较长的偿还期限，通常面临更高的市场风险，包括利率波动和经济环境变化等风险。因此，为了补偿这些风险，并吸引投资者购买长期债券，公司通常需要设定较高的利率。相反，短期债券由于较快的偿还期限，风险较低，因此可以设定较低的利率。这样的利率结构既符合市场风险与收益的关系，又能满足不同投资者的风险偏好。

5. 发行量的确定策略

债券的发行量是指发行人一次发行债券的面值总额。发行量的确定应主要考虑以下因素：

一是公司的融资需求。公司发行债券是为了筹集资金，以满足公司运营或扩张的需要。发行量的确定应基于公司对资金的实际需求及公司的实际情况，包括项目资金需求、公司的偿债能力和公司未来资金流量的预期。发行量过多导致公司在未来面临较高的偿债压力，而发行量不足则无法满足公司的融资需求。

二是市场吸收能力。公司需要评估市场情绪、投资者的风险偏好和当前市场上的债券供应情况。如果市场对新债券的需求量大，公司可以考虑增加发行量；反之，在市场需求疲软时，公司应减少发行量以避免债券价格下跌。

三是利率环境。利率环境对债券的吸引力有直接影响。在低利率环境下，债券作为固定收益产品更具吸引力，公司会增加发行量以利用低成本资金。而在高利率环境下，债券的吸引力降低，公司需要减少发行量，以避免支付过高的利息。

四是信用评级和债券类型。公司的信用评级和债券的类型会影响发行量的决策。信用评级较高的公司通常能以更低的成本发行更多的债券。某些类型的债券，如可转换债券或带有特殊条款的债券，因其独特性而会有更大的发行量。

（二）债券的发行策略

1. 发行方式的选择策略

债券的发行方式有两种，即私募和公募。在选择债券的发行方式时，公司通常需要考虑以下几个关键因素：

一是目标投资者群体。如果公司的目标是吸引特定的投资者群体，例如大型机构投资者或特定的财务机构，私募更为适宜。相反，如果公司希望吸引更广泛的投资者，包括个人投资者和小型机构，公募则更为合适。

二是发行成本和时间。公募通常涉及更高的成本和更长的时间，因为需要满足更多的监管要求和披露义务。如果公司寻求一种成本效率更高、时间上更灵活的发行方式，私募是更好的选择。私募的法规要求通常更为宽松，这可以减少公司在准备和审批过程中的时间和费用。

三是资本需求和融资规模。如果公司需要大量资金，公募更适合，因为它能够接触到更多的投资者。对于较小规模的融资需求，私募更合理，尤其是当资金需求特定而投资者群体较小时。

四是市场环境和经济条件。在市场稳定和投资者信心高的情况下，公募更可行，因为投资者更愿意投资新发行的债券。在市场不稳定或投资者信心较低的情况下，私募更可行，因为它依赖少数投资者的参与。

2. 争取较高的债券信用评级

信用评级会直接影响债券的吸引力和融资成本，因此公司应争取较高的债券信用评级，具体措施如下：

一是提升财务稳健性。首先，公司需要展现稳健的财务状况。这包括强健的盈利能力、健康的现金流量和合理的资产负债结构。增强盈利能力意味着公司能持续产生足够的营业收入和净利润，展示出其长期盈利的潜力。健康的现金流量是维持日常运营和偿还债务的关键。公司需要证明它能有效管理其营运资本，保持良好的现金流入和流出平衡。合理的资产负债结构确保公司不会过度依赖债务融资，降低财务杠杆风险。管理好这些财务指标能够向信用评级机构展示公司的财务健康水平和偿债能力，从而提升信用评级。

二是提升透明度和信息披露程度。公司需要提高其运营和财务的透明度，确保所有相关信息的充分和及时披露。这包括定期发布详尽的财务报表、解释重大财务决策背后的逻辑、及时通报任何可能影响公司财务状况的重大事件。透明的信息披露能够建立和维护投资者及信用评级机构的信任，减少信息不对称带来的风险。为了提高透明度，公司可以考虑聘请独立的审计团队，确保财务报告的准确性和可靠性。公司应积极与信用评级机构沟通，确保他们了解公司的经营策略和财务状况，以获得更好的评级结果。

三是完善风险管理和公司治理。这包括实施有效的内部控制系统，以减少经营风险，确保公司符合所有法律法规要求。强化公司治理结构，如设立独立的董事会和监督委员会，能够提高决策透明度和公正性，增加外部投资者的信心。公司应识别和管理各种潜在的业务风险和市场风险，包括市场波动、竞争对手的行动，以及宏观经济变化。通过建立全面的风险管理框架和策略，公司能够向信用评级机构证明其能够应对不确定性和挑战，从而提升其债券的信用评级。

3. 做好广告宣传工作

在债券发行中，有效的广告宣传工作是至关重要的，因为它直接影响着债券的市场接受度和发行成功率。下面介绍进行有效的广告宣传的方法。

一是公司要制定明确的宣传目标。公司需要明确债券发行的目的、目标受众，以及宣传的核心信息。这可以基于公司的品牌形象、债券的特性（如债券利率、债券偿还期限、债券的风险等级），以及目标投资者群体的特点。宣传内容应清晰地传达债券的优势和潜在收益，同时诚实地提示风险。

二是公司要选择合适的宣传渠道。不同的投资者群体可能通过不同的媒介接收信息，因此公司应该利用多样化的宣传渠道，包括传统媒体（如电视、报纸、杂志）和数字媒体（如社交媒体、电子邮件、在线广告）。在数字时代，社交媒体和在线平台提供了与潜在投资者直接互动的机会，这对于提高债券的可见度和吸引力非常有效。

三是公司要积极组织开展宣传活动，如投资者说明会、研讨会或网络直播。这些活动不仅可以提供详细的债券信息，还能建立公司与投资者的信任关系。在这些活动中，公司可以展示其财务状况、市场地位和未来增长潜力，增强投资者对公司债券投资的信心。

四是公司要确保宣传活动的连贯性和一致性。所有的宣传材料和消息都应该保持一致的信息和品牌形象，以建立和维护公司及其债券产品的可靠性和专业形象。

第三节　融资租赁

一、租赁及其分类

租赁是指出租人在收取一定租金的条件下，在契约或合同规定的期限内将资产的使用权出让给承租人的一种经济行为。租金是出租人的投资报酬，也是承租人付出的资金使用代价。这是一种融资与融物相结合的筹资形式和投资方式。[①]

按性质及目的不同，租赁可以分为经营性租赁和融资租赁。

（一）经营性租赁

经营性租赁是一种租赁形式，其中出租方保留资产的所有权，而承租方则获得资产的使用权。这种租赁通常是短期的，且租赁期限通常不覆盖资产的整个经济寿命。经营性租赁提供了较高的灵活性，因为租赁协议通常允许承租方在租赁期内或期满时终止租赁。在会计处理方面，经营性租赁的租金支出通常在利润表中作为运营费用处理，而不在资产负债表上体现。这意味

---

① 赵建仓，许金叶. 农村财务管理［M］. 厦门：厦门大学出版社，2000：150.

着租赁资产不会作为承租方的资产记录，与之相关的租赁义务也不会作为负债记录。对于出租方而言，租赁资产作为其资产记录，并在其资产负债表上体现。经营性租赁为公司提供了一种避免大额一次性资本支出的方式，也降低了与资产所有权相关的长期风险。它适用于那些对技术更新较快的设备有需求的公司，或者那些不希望在其资产负债表上增加负债的公司。

（二）融资租赁

融资租赁是一种长期且通常不可取消的租赁方式，它本质上相当于资产的购买和负债的产生，尽管法律上资产的所有权仍然属于出租方。在融资租赁中，所有与资产有关的风险和收益几乎全部转移给了承租方。这意味着，虽然资产的法律所有权在出租方，但经济所有权（即使用权及与之相关的风险和收益）实际上转移给了承租方。在会计处理上，融资租赁在承租方的资产负债表上体现为资产和相应的负债，反映了承租方对租赁资产的控制权和偿还租赁支付的义务。融资租赁使承租方能够使用资产而不必立即支付全部资本支出，这对于需要昂贵设备但又缺乏足够现金流量的公司尤其有利。租赁期满时，承租方通常有权以特定价格购买资产，这使融资租赁成为一种资产融资的手段。融资租赁适用于那些需要长期使用某种资产，且愿意承担与资产所有权相关风险的公司。

二、融资租赁的形式

融资租赁根据不同的交易形式和合约结构，又可分为直接租赁、杠杆租赁、售后租回、转租赁和委托租赁等五种形式，如图3-4所示。

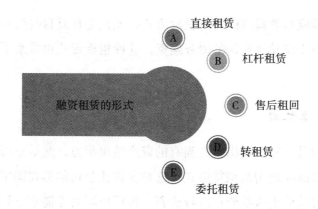

图 3-4 融资租赁的形式

（一）直接租赁

直接租赁是融资租赁的一种常见形式，其中出租方（通常是制造商或融资公司）直接将资产租赁给承租方。在这种安排中，出租方购买了承租方所需的资产，并将其租赁给承租方使用。直接租赁的特点是出租方与承租方之间没有中间商，从而使交易更为直接和高效。直接租赁通常涉及高价值的资产，如机器设备、飞机或大型机械。直接租赁提供给承租方使用这些高成本资产的机会，而承租方无须承担大额的资本支出。直接租赁的条款和条件通常可以根据承租方的具体需求定制。从出租方的角度看，直接租赁是一种有效的资产销售和融资策略，可以增加出租方产品的市场接受度，同时产生稳定的现金流量。

（二）杠杆租赁

杠杆租赁是一种涉及多方的融资租赁形式，其中出租方使用部分自有资金和较大比例的借款来购买资产，并将该资产租赁给承租方。在杠杆租赁中，出租方通常会向第三方金融机构借款来购买资产，而出租方的租金收入用于偿还这些贷款。杠杆租赁的关键特点是财务杠杆高，这意味着出租方在资产购买中使用了大量的外部融资。这种结构允许出租方在较少的资本投入下控制较大价值的资产，同时为承租方提供长期使用权。杠杆租赁对承租方而言是一种成本效益高的资产获取方式，尤其是在其自身融资能力有限的情况下。但由于涉及高比例的债务融资，这种租赁形式也带来了较高的财务风险。

（三）售后租回

售后租回是一家公司出售其拥有的资产给出租方，然后立即从出租方租回同一资产以继续使用的租赁形式。这种安排使公司能够将固定资产转换为现金，同时继续使用这些资产进行运营。售后租回对于需要立即资金流入以改善财务状况或资金结构的公司尤为有用。通过售后租回，公司可以利用其已有资产的价值，而无须通过传统的融资渠道，也不会影响其运营。这种形式的租赁也为公司提供了额外的财务灵活性，因为它们可以选择最适合自身需求的租赁条款。这意味着公司在租赁期内会失去资产的所有权，并需长期承担租赁费用。

（四）转租赁

转租赁发生在一方已经租赁了一个资产，但决定将这个资产的使用权转租给另一方。在这种情况下，原始承租方成为二级出租方，新承租方获得资产的使用权。转租赁通常发生在原始承租方不再需要租赁资产，但租赁合约尚未到期的情况下。这种安排为原始承租方提供了一种减少或回收成本的方式，同时为新承租方提供了获取资产的机会。转租赁的挑战在于确保新承租方遵守原始租赁合约的条款，并且原始承租方通常仍对出租方负有合同上的责任。

（五）委托租赁

委托租赁是一家公司（委托方）指示出租方购买特定的资产，并将其租赁给该公司的租赁方式。在这种情况下，出租方实际上是按照委托方的指示行事，购买并持有资产，而委托方成为资产的实际使用者。委托租赁通常用于特定、定制化或专业性强的资产，这些资产可能不在出租方的标准资产目录中。这种租赁形式允许委托方获取其确切需要的资产，同时避免了直接购买的大额资本支出。对出租方而言，委托租赁提供了拓展其资产组合并进入特定市场的机会。然而，由于资产的特殊性，这种租赁形式可能涉及更高的风险，特别是关于固定资产残值和再租赁能力方面的风险。

三、融资租赁的特点

（一）避税功效

融资租赁的避税效应主要体现在两个方面。

一是租金支出在会计处理上通常被视作运营成本，可以在计算税前利润时全额扣除。这与传统的购置方式不同，在传统购置中，资产的折旧通常以较慢的速度分摊到多个财务年度。

二是融资租赁的资产不出现在承租方的资产负债表上，因此公司可以减少资产总额，降低基于资产规模的税费，如财产税等。这种安排对于利润较高且寻求税务优化的公司尤其有利。通过融资租赁，公司能够在短期内降低应纳税收入，从而减少缴纳的所得税金额，达到避税的目的。

（二）节约融资成本

传统的资产购置需要公司支付大量的初始资金或承担高利率的贷款。相比之下，融资租赁允许公司分散支付成本，通过定期的租金支付来使用资产，这通常比一次性购买或高利息贷款的成本要低。融资租赁的利率通常比传统贷款更有竞争力，因为出租方可以通过规模经济获取资金成本优势。对于需要大量资本支出的设备或技术的公司来说，融资租赁提供了一种更为灵活和成本效益更高的融资途径，有助于改善现金流量，提高资金的使用效率。

（三）缩短项目建设周期

在传统的项目融资中，公司需要花费大量时间来筹集足够的资金，或是等待贷款批准，这会延长项目启动的时间。通过融资租赁，公司可以迅速获得必需的设备和技术，从而加快项目的实施。特别是在对时间敏感的项目中，如季节性或市场先发优势明显的项目，融资租赁的快速性能为公司带来竞争优势。由于融资租赁通常涵盖设备的维护和升级，公司可以确保项目使用的是最新技术，减少了项目执行过程中的技术风险和技术延迟。这种快速部署的能力，使公司能够更灵活地应对市场变化，快速调整其经营策略。

（四）规避通货膨胀的影响

公司要添置一套设备，如果靠公司内部积累去购置，其花费的时间比较长。在通货膨胀时期，早采购比晚采购价格要低，采用融资租赁可以先获得设备的使用权，然后在租赁期内用设备产生的效益去还租赁款。设备的价格在通货膨胀的情况下不断上涨，而融资租赁各期支付的租金则是按签订契约时的设备价格而定，在租赁期内几乎是不变的，因此公司不会因通货膨胀增加更多的成本费用。

（五）规避贸易壁垒与汇率风险

对于跨国经营的公司来说，直接购买外国设备可能涉及复杂的进口程序、关税和其他贸易壁垒。通过融资租赁，这些设备可以在本地或更有利的国际市场进行租赁，从而避免直接进口带来的成本和复杂性。融资租赁的支付通常可以用本地货币进行，从而减少了由于货币汇率变动带来的风险。这对于那些在不稳定货币环境中运营的公司尤其重要，因为货币价值的波动可能对项目成本和营利性产生显著影响。通过融资租赁，公司能够更有效地管理其国际经营中的财务风险。

（六）优化资产结构

融资租赁可以优化资产结构，这主要是通过售后租回的融资方式完成的。公司将自己的固定资产按合同约定的价格卖给出租方，然后从出租方将这部分固定资产租回来使用。通过这种租回，公司将物化资本转变为货币资本，将不良资产变为优质资产，增大了公司的流动比率，改善了公司的现金流量，盘活了闲置的资产，而且不影响资产的使用。在此行为中，公司虽然需要交营业税，但决策方案实施前后，公司仍然可以获得因资产盘活带来的收益。

四、融资租赁的适用性分析

基于对融资租赁特点的分析，人们可以发现融资租赁比较适用于面临升级换代等技术风险较大的行业，如需要信息技术设备的公司和中小公司。

（一）融资租赁适合需要信息技术设备的公司

信息技术设备的融资租赁不仅可以快速提升公司的信息化水平，而且还能有效避免信息化建设过程中可能出现的投资"黑洞"问题。投资"黑洞"问题通常是指在信息化初期，尽管公司投资购置了大量硬件，但由于缺乏有效的跨部门信息共享，导致信息化的实际效果大打折扣，而融资租赁提供了国内外先进适用产品的租赁、回租及租约期满时的残值处理等相关服务。与传统的直接采购相比，信息技术设备的融资租赁至少有以下几个优点：

一是融资租赁能保持稳定的现金流量，避免一次性支出大量的现金导致资金周转困难。

二是融资租赁可以降低技术升级换代的风险。信息技术行业特别是硬件设备的技术更新迅速，按照摩尔定律，其性能的提升速度非常快。这意味着直接购买的设备可能很快就会过时。融资租赁提供了一种灵活的方式来处理这种快速变化，因为公司可以在租赁期满后选择更新为更先进的设备，从而始终保持技术的先进性和竞争力。

三是融资租赁使成本分摊在整个租赁期内，使成本可以更好地与公司的收入相匹配。这种分摊方式有助于解决信息化投资与收益之间由于时间差异而产生的矛盾。公司能够在收益逐渐显现的同时逐步支付租金，使投资回报更为合理和可持续。

（二）融资租赁适合中小公司

中小公司通常面临资金获取困难、财务管理挑战和快速市场适应的需求，而融资租赁恰好能够在这些方面提供支持。

一是融资租赁提供了一种相对容易获取资金的渠道。中小公司在进行传统银行贷款时往往会遇到诸多挑战，包括严格的信贷审查、高额的抵押要求和可能的高利率。与此相反，融资租赁不要求公司提供大量抵押物，出租方主要关注的是租赁资产本身的价值及中小公司未来的现金流量。这样一来，中小公司即使没有充足的抵押资产或完美的信用记录，也能够通过融资租赁获得所需的设备或技术。融资租赁的审批流程通常比传统贷款更快，这对于需要迅速应对市场变化的中小公司来说尤为重要。

二是融资租赁有助于中小公司更好地管理现金流量和财务。通过融资租赁，公司可以避免一次性的大额资本支出，公司通过定期的租金支付来分摊成本。这种分摊方式有利于公司维持稳定的现金流量，避免因大额投资导致的资金紧张。由于租金支出在会计处理上通常视为运营费用，因此融资租赁有助于公司在税务上实现一定的避税效果。对于利润边际较小的中小公司而言，这种税务优势尤其重要。

三是融资租赁使中小公司能够快速适应市场变化和技术进步。在当前快速发展的商业环境中，保持技术的更新速度和竞争力对公司的生存和发展至关重要。融资租赁允许中小公司使用最新的设备和技术，而不必承担购买后可能很快就会过时的风险。租赁期满后，中小公司可以选择购买、更新或更换设备，从而确保公司的设备始终处于技术的前沿。

五、公司融资租赁的策略选择

公司在采用融资租赁作为融资策略时，应从以下四个角度进行考虑和规划。

（一）资产需求和适用性分析

公司需要评估其对特定资产的需求，包括资产类型、资产使用期限和该资产对业务运营的重要性。融资租赁特别适合于那些价值高、使用周期长且技术更新快的资产。公司应分析租赁资产与公司业务策略和运营需求匹配的过程，并考虑租赁与购买之间的成本效益。

（二）财务成本与收益评估

公司需要进行详细的财务分析，评估融资租赁的成本和潜在的收益。这包括比较租赁成本（包括租金、维护费用和可能的终止费用）与直接购买的总成本之间的差异。公司应考虑融资租赁在会计处理和税务上的影响，如租金支出的税前抵扣能力，以及对资产负债表的影响。

（三）风险管理和合同条款

在签订融资租赁合同之前，公司应仔细评估和谈判合同条款，以降低公司面临的风险。公司对合同的关注点包括租赁期限的灵活性、资产的保养和维护责任、租赁结束时的资产处理选项（如购买、续租或归还），以及提前终止租赁的条件和费用。了解和管理这些风险有助于公司最大化融资租赁的效益。

（四）市场和经济环境考量

公司在决定融资租赁时，应考虑当前的市场和经济环境。在利率低和资金紧张的市场环境中，融资租赁可以提供一种相对低成本的融资方式。公司应考虑行业内的技术发展趋势和预期的经济环境变化，以确保所租赁的资产在未来仍能满足公司的需求。

第四节　债务融资风险管理策略

融资风险是指融资中由于融资的规划而引起的收益变动的风险，是公司因借入资金而产生的丧失偿债能力的可能性和公司利润（股东收益）的可变性。公司债务融资风险产生于公司的债务融资行为。

一、树立正确的债务融资风险意识

在当代市场经济体制中，公司树立正确的债务融资风险意识至关重要，这主要涉及两个方面。

一是公司必须认识到，在市场经济的环境下，他们必须独立承担风险。随着社会主义市场经济体制改革的深化，公司与政府之间的关系日益清晰，政府的直接支持和援助的可能性逐渐减少。这要求公司自行管理风险，特别是在融资中。公司不能期望政府会在公司财务困境时提供救助，而公司应通过提高管理能力、加强内部控制和风险防范策略来自主管理风险。

二是对于债务融资的风险考量，公司需要超越融资本身，更深入地考虑未来的偿付风险。实际上，长期的偿付风险才是债务管理中的关键。公司在债务融资时，不仅要评估当前的利率环境和公司的资金需求，还需要深入分析未来的现金流量状况，确保在整个债务周期内，包括经济波动或市场变化情况下，都能够稳健地偿还债务。这要求公司进行全面的财务规划，包括建立应急资金、多元化资金来源和制定有效的负债管理策略。通过这种全面的风险管理，公司可以保障其长期的财务安全和可持续发展，有效地应对市场经济中的挑战。

二、加强与银行及债权人的沟通和合作

在管理债务融资风险的过程中，公司加强与银行及投资者的沟通和合作是至关重要的策略。这种沟通和合作关系的建立是基于公司保持高度透明度的原则上，这要求公司及时、准确地向银行及投资者提供其财务状况和运营数据。这样做可以帮助投资者更好地理解公司的财务状况，包括资产负债情况、现金流量水平和偿债能力，从而使投资者能够更准确地评估与公司合作的风险。当公司面临财务压力时，这种开放和透明的沟通策略有助于建立投资者的信任，为公司争取更有力的支持和理解。例如，公司可以与银行协商更为灵活的还款条件，如延长还款期限、调整利率、暂时减少还款金额，以缓解公司短期的财务压力。在一些情况下，公司甚至可以探讨债务重组的可能性，这不仅有助于公司度过财务难关，也能为银行和投资者提供更稳妥的

资金回收方案。建立良好的沟通渠道还使公司能够及时获得投资者的反馈和建议，从而更有效地调整公司的财务策略和业务方向，以适应市场和经济的变化。

三、充分考虑市场利率、汇率走势

针对由于利率变动带来的筹资风险，公司必须深入研究我国经济发展所处的时期及资金市场的供求变化，正确把握未来利率走势。当利率处于高水平时或处于由高水平向低水平过渡时，公司应尽量少筹资，对必须筹措的资金，应尽量采取浮动利率的计息方式。当利率处于低水平时，筹资较为有利，但公司应避免筹资过度。当筹资不利时，应尽量少筹资或只筹措经营急需的短期资金。当利率处于由低水平向高水平过渡时，公司应根据资金需求量筹措长期资金，尽量采用固定利率的计息方式来保持较低的资金成本。对于筹资外币资金带来的风险，公司应着重预测和分析汇率变动的趋势，制定外汇风险管理策略，通过汇率变动的内在规律掌握汇率变动发展的趋势，从而采取有效的措施防范筹资风险。

第四章　股权融资策略

第一节　发行普通股融资

股票是股份有限公司签发的，证明股东所持股份的凭证，是证券的一种主要形式。[①] 根据权利责任的不同，股票可以分为普通股和优先股。本节将主要介绍普通股融资的内容。

一、普通股的概念与特征

普通股是在优先股要求权得到满足后，在公司利润和资产分配方面给予持股者无限权利的一种所有权凭证。[②] 它是最基本也是最重要的股票工具，还是公司筹资的基本工具。普通股构成了公司资本的核心部分，代表对公司享有永久性的所有权。公司刚组建或改制时，股票都是基本的筹资工具；增加或减少资本金时，公司也可以通过增发或收回股票得以实现。

普通股的特征有以下几个方面：

（一）普通股是最基本、最重要的股票类型

股份公司通常在成立初期通过公开发行普通股来筹集资金，这使普通股

---

① 吴桂梅，王成芬. 经济法 [M]. 北京：北京理工大学出版社，2017：232.

② 马元月. 财政与金融 [M]. 北京：中国经济出版社，2003：392.

成为公司股本的基础。相对于其他类型的股票，普通股在数量上最为常见和普遍。在证券市场上，人们提及的股票通常是指普通股。

（二）普通股是标准的股票

普通股的有效期限与股份公司的存在密切相关，持有人被视为公司的基本股东，并平等地享有股东的基本权利。普通股在权利和义务上不附加任何特殊条件，因此它被认为是一种标准的股票类型。在描述股票的一般性质和特点时，人们通常会以普通股作为参考标准。普通股提供了对股票概念的基本理解和普遍适用的定义。

（三）永久性的资金来源和有限责任

普通股是公司最基本的资金来源，具有显著的永久性特征，因为它们不像债券那样有明确的还本期限。普通股的持有人成为公司的股东，但股东无法直接从公司收回其投资；相反，他们可以通过在二级市场上出售股票来回收资金。只有在公司清算的情况下，普通股股东才有权从公司的剩余资产中分得一部分。作为公司的所有者，普通股股东承担的风险仅限于其出资额，这体现了普通股股东的有限责任。这种资金来源的永久性和股东责任的有限性是普通股的关键特征，它使普通股成为一种独特且重要的投资工具。

（四）普通股是风险性最大的股票

普通股是所有类型股票中风险最高的。尽管股东有权分享公司的利润，但股利收益并不稳定，且随公司的经营状况和盈利能力的变化而波动。在收益分配顺序上，普通股的股利排在债权人和优先股股东之后。更重要的是，如果公司解散或清算，普通股股东在剩余财产的分配上也是排在最后的，如果公司破产且资不抵债，普通股股东可能什么也拿不到。这种高风险性表明，普通股股东的投资可能面临较大的价值波动，从而反映了普通股的风险特征。这种风险特性是公司通过发行普通股进行融资时必须考虑的关键因素。

二、普通股的发行

（一）普通股的发行方式

1. 公募和私募

公募是指公司向公众投资者发行普通股的过程，这通常通过股票市场进行。在公募中，股票被提供给广大的投资者群体，包括个人投资者、机构投资者等。这种发行方式具有透明度高和开放性高的特性。公司必须遵守严格的监管要求，包括披露详细的财务信息和业务计划，以便投资者做出明智的投资决策。公募可以帮助公司筹集大量资金，因为它为公司提供了接触广泛投资者的机会。然而，这种方法也涉及复杂的法规规定、较高的披露要求和可能的市场波动风险。此外，公募可能会导致公司原有股东的股权被稀释。

私募是指公司将普通股直接发行给一小群选定的投资者，通常包括机构投资者、大型投资者或公司内部的管理层。与公募不同，私募通常不对公众开放，且公司受到的监管要求相对较少。这种方式使公司能够更快速、更灵活地筹集资金，同时保持较高的隐私性和保密性。由于涉及的投资者数量较少，私募通常涉及更为定制化的交易条款，这包括对投资者特定权利的赋予。

2. 设立发行和增资发行

设立发行是指在公司成立时，为了筹集初始资本而向股东发行普通股的过程。这是公司生命周期中的第一次股票发行，设立发行是为新成立的公司提供启动资金。在设立发行中，创始团队或初始投资者通常是股票的买家，他们通过购买股票成为公司的初始股东。设立发行通常涉及较小规模的资金筹集，因为这时公司还没有建立自己的声誉或业务记录。这种发行方式对于创业公司来说至关重要，因为它为公司的成立和初期发展提供了必要的资本。在这个阶段，公司还没有足够的历史或财务表现来吸引外部投资者，因此设立发行通常依赖创始人和早期支持者的投资。设立发行包括对创始团队的激励安排，如股权激励计划，以吸引和保留关键人才。

增资发行是指公司在成立后的某个时间点为了筹集额外资本而向现有股东或新投资者发行更多普通股的过程。增资发行可以通过公开市场或私募方式进行，旨在为公司的扩张、项目投资或债务重组提供资金。与设立发行相比，增资发行通常发生在公司已经有一定运营历史和市场表现的情况下。这使公司能够以更高的估值筹集资金，并吸引更广泛的投资者群体。增资发行的一个关键挑战是股权稀释问题，即原有股东的持股比例可能因为新股票的发行而降低。因此，公司需要在筹集资金的需求和维持股东价值之间找到平衡。在进行增资发行时，公司还需要考虑市场条件、股价表现和投资者情绪，以确保发行成功并实现预期的筹资目标。增资发行还可能伴随着更加复杂的法律规定和财务规划，以满足监管要求并可以向投资者提供充分的信息。

（二）普通股发行价格的确定

1.影响普通股发行价格的因素

一是内部因素。股票价格，与任何其他商品一样，不能由主观意愿决定，而是必须遵循价值规律。这意味着股票的价格是由其股票价值所决定，并且会受到发行数量的影响。

股票价值即持有股票未来期间内预期收益的现值。由于股票的有效期限可以视为无限，其价值在理论上是无穷大的。但人们还是可以对其进行归纳分析。下面是股票价值的理论公式

$$P = \sum_{t=1}^{\infty} \frac{D_t}{(1+k)^t} \qquad (4-1)$$

式中，P 为股票价值；D_t 为第 t 年该股股利；k 为贴现率。

式（4-1）是假定股票为永久持有，并且增长率不固定。

若股利增长率为零，则式（4-1）可化简为

$$P = \frac{D_0}{k} \qquad (4-2)$$

若股利为固定增长率，则式（4-1）可化简为

$$P = \frac{D_1}{k-g} \tag{4-3}$$

式中，g 为股利的固定增长率。

通过上述分析可以发现，在确定的贴现率下，股票的价值主要受到公司的盈利能力和未来增长潜力（即盈利增长率）的影响。从公式中可以明显看出，若其他因素保持不变，公司的税后利润越高，每股分红也就越丰厚，这会使股票的价值增加。这在实际投资中也得到了体现，投资者通常更倾向于关注那些业绩良好的公司，因为选择业绩不佳的公司投资可能会损失惨重。从理论上讲，股票是可以无限期持有的，因此投资者往往会重视股票的成长性。在每股分红确定的情况下，公司如果具有更大的发展潜力，其未来的盈利前景将更加明确，那么股票的价值也将随之提高。

股票的发行量对其发行价格有显著影响，这主要是由市场供求关系决定的。股票价格会根据发行数量的波动而波动，同时受市场供求变化的直接影响。在特定时期，市场对股票的需求量是一个外部因素，通常不受发行方的控制。当考虑股票发行量时，如果发行量较大，那么为了在销售期内顺利地售出所有股票，发行价格需要设置得较低。这是因为大量的供应超过市场的即时需求，从而导致价格下降以吸引更多买家。较低的价格可以刺激需求，帮助公司在预定时间内出售所有股票。相反，如果股票发行量较小，供应有限，那么在供求关系的作用下，发行价格可以设置得较高。较少的供应意味着每股股票的可获得性降低，这在理论上会增加投资者的购买意愿，因此公司可以以较高的价格出售这些股票。这种策略在那些市场需求稳定或较高的情况下尤为有效。

二是外部因素。影响股票价格的外部因素包括行业特点、二级市场的状态、政府政策。

股票所属的行业特点对其发行价格有重要影响。不同行业的成长性、稳定性和盈利能力都各不相同，这直接反映在股票的吸引力和风险评估上。例如，高科技行业的股票由于其高增长潜力而具有更高的发行价格，尽管这也伴随着更高的风险。相比之下，公用事业或消费品行业的股票因为其业务的稳定性和可预测的收入流而被视为更低风险的投资，会有更稳定但较低的发行价格。投资者通常会根据行业的特点和前景进行投资决策，这直接影响股票的市场需求和发行价格。

二级市场状态对普通股的发行价格也有显著影响。如果市场情绪乐观，股市表现强劲，那么新发行的股票会设定更高的价格，因为投资者的风险偏好提高，对新股的需求增加。相反，在疲软的市场中，投资者变得谨慎，对新股的需求减少，这迫使公司降低发行价格以吸引买家。市场波动性也是一个关键因素，高波动性增加股票定价的不确定性，影响发行价格。

政府政策对普通股的发行价格有显著影响。政策变化，如税收法规、货币政策、行业监管等，可以影响公司的盈利能力和投资吸引力，从而影响股票的发行价格。例如，利率变化可以影响投资者对股票和债券等其他投资的偏好，而税收优惠会增加对某些行业股票的需求。政府对特定行业的支持或限制也会直接影响这些行业的股票价格。

2. 普通股发行价格的形式

普通股发行价格的形式主要包括等价发行、市价发行和中间价发行，每种形式有其特定的定价机制和应用场景。

等价发行是一种简单直接的定价方式，其中所有股票都以相同的价格发行。这种形式通常适用于那些寻求公平分配股票的情况，确保所有投资者都以相同的价格购买股票。等价发行的主要优点是它的简洁性和透明度，投资者清楚地知道他们将支付的价格，并且这个价格对所有人都是一样的。然而，等价发行不会充分考虑市场对不同价格水平的反映，可能会导致某些情况下供需不平衡。

市价发行则是根据当前市场条件和投资者的需求来确定股票的发行价格。这种形式常见于二级市场中，股票价格会根据市场供求关系的变化而变化。市价发行使股票价格更能反映市场现实和投资者情绪，更有弹性地适应市场变化。这种定价方式会受到市场波动和不确定性的影响，增加了价格设定的复杂性。

中间价发行是一种折中的定价方式，通常采用在预定的价格范围内确定一个中间价位作为发行价格。这种方法结合了等价发行的公平性和市价发行的市场敏感性，旨在找到一个既能吸引投资者，又能反映市场情况的平衡点。中间价通常在一定程度上基于市场分析和预期确定，能够适应不同的市场状况和投资者需求。然而，确定合适的中间价需要综合考虑多种因素，包括市场状况、投资者预期和公司财务状况，这使这种定价方式相对复杂。

3. 确定普通股发行价格的方法

确定普通股发行价格的方法主要包括财务分析法、市场比较法，以及需求预测法，具体介绍如下：

一是财务分析法。在确定普通股发行价格时，财务分析法起到了核心作用，它涉及对公司整体财务状况的深入评估。分析公司的利润和收入增长率可以得到公司的盈利能力和成长潜力的具体情况。这种分析不仅考虑了当前的盈利水平，也关注了盈利随时间的增长趋势，从而提供了关于公司未来财务表现的预测。对公司的资产负债情况进行审视可以揭示公司的财务稳定性和偿债能力，这对于评估公司面临的财务风险至关重要。现金流量的分析提供了对公司运营效率的见解，尤其是公司通过其核心业务活动产生现金的能力。通过计算和解析各种财务比率，如净利润率、资产收益率和净资产收益率，人们可以更全面地理解公司的财务健康状况。这些比率帮助评估公司使用其资源产生盈利的效率，以及与同行业其他公司的财务表现相比的相对位置。人们将这些多方面的财务指标结合在一起，可以为公司的股票内在价值提供一个全面的视角，从而辅助确定股票的发行价格。这种综合的财务分析确保了股票定价既反映了公司当前的财务状况，又考虑了其长期的盈利前景和潜在风险，为投资者和市场参与者提供了一种均衡和深入的评估方法。

二是市场比较法。市场比较法是基于对同行业或相似公司股票价格的比较分析来确定新股票发行价格的方法。这种方法的关键在于找到与即将发行的股票在业务模式、市场规模、成长潜力等方面相似的公司，然后分析这些公司的股票定价指标。常用的比较指标包括市盈率、市净率、股利收益率等。例如，通过比较目标公司的市盈率与行业平均市盈率，人们可以对其股票价格进行合理估计。市场比较法还考虑了市场情绪和投资者对特定行业或市场细分的偏好。这种方法提供了一个直观的、基于市场现实的价格参考，有助于保证新股票的定价既具有竞争力又符合市场规律。

三是需求预测法。需求预测法则侧重于分析市场对新发行股票的需求情况，以此作为定价的依据。这种方法通常包括对潜在投资者的兴趣进行市场调研，了解他们对股票价格的敏感度、对公司的看法，以及对行业的信心水平。需求预测法涉及调查问卷、专家意见收集或市场趋势分析。通过评估投资者对不同价格水平下股票的反映，公司可以对股票的最佳发行价格做出更准确的预测。例如，如果市场调查显示投资者对某一价格点的股票的兴趣较高，那么这个价格可能是合理的发行价格。需求预测法基于市场的实际反映，有助于避免过高或过低定价导致的认购问题。

三、普通股融资的优势

普通股融资作为公司筹集资本的一种方式，具有多方面的优势，主要体现在以下几方面：

（一）无须偿还本金和固定利息

当公司通过发行普通股融资时，它不像债务融资那样承担定期偿还本金和支付利息的义务。这意味着公司可以利用这些资金来支持业务运营、扩张、研发投入或其他战略性支出，而无须担心短期内的还款压力。股东的收益主要来自股价上涨和股利分配，这取决于公司的业绩和利润分配政策。普通股融资避免了债务融资中固定付息的财务负担，尤其对于那些现金流量不稳定或处于快速增长阶段的公司来说，普通股融资减少了经营风险和财务危机的可能性。

（二）不影响公司的负债比率

在公司的资本结构中，普通股融资增加了公司的股本，而不是债务。这有助于改善公司的财务杠杆率，降低整体债务水平。较低的负债比率对公司有多方面的积极影响。它增强了公司对市场波动和经济衰退的抵御能力，因为较少的债务负担意味着在经济困难时期有更大的财务灵活性。健康的负债比率对外部投资者和贷款机构而言是一个积极的信号，这表明公司具有良好的财务健康状况，能够吸引更优惠的贷款条件和投资评级。较低的债务水平也为公司提供了更多的资金运用空间，使其能够更自由地投资长期项目和创新活动，而不是仅仅关注短期的债务偿还。因此，普通股融资通过提高股本比例，有助于优化公司的财务结构，提升长期的财务稳定性和增长潜力。

（三）增强公司的市场声誉和品牌形象

通过公开市场发行普通股，公司能够提高其在投资者和公众中的知名度。这不仅有助于建立公司的品牌形象，还可以吸引更多的客户和合作伙伴。上市公司通常更加透明，这增强了公众和潜在投资者的信任。

（四）为股权激励提供便利

股权激励计划是现代公司用来吸引、激励和留住关键员工的重要工具，尤其是对于那些需要高水平创新和才华的公司。通过普通股融资，公司能够创造出一种激励机制，即以公司股份的形式向员工提供奖励。这种股权激励计划通常包括股票期权、股票赠与计划或股票购买计划等。员工通过这些计划拥有或有权购买公司股份，从而直接与公司的成功挂钩。这种直接的利益关联可以显著提高员工的工作动力和忠诚度，因为他们的个人财富与公司的表现紧密相关。股权激励还有助于吸引高水平的人才，特别是在竞争激烈的行业中。高级管理人员和关键技术人才通常寻求的不仅仅是薪资和福利待遇，还有更广泛的职业发展和财富增长机会。通过提供股权激励，公司能够提供这种吸引力，从而在人才市场上脱颖而出。因此，普通股融资不仅为公司带来资金，还为实施股权激励计划提供了基础，有助于建立一支更为投入和忠诚的员工队伍。

四、公司普通股融资的具体策略

在考虑普通股融资策略时，公司应在评估风险和收益的基础上，合理决定普通股在总资本结构中的比重，以使股权收益在可接受的风险范围内最大化。具体策略如图 4-1 所示。

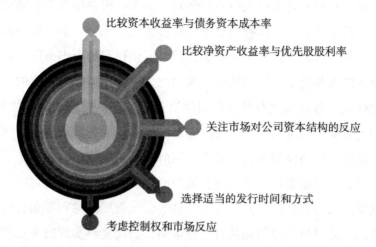

图 4-1　公司普通股融资的具体策略

（一）比较资本收益率与债务资本成本率

当公司的资本收益率高于债务资本成本率时，这表明公司通过债务融资所获得的资金能够产生超过其成本的收益，因此，在这种情况下选择债务融资是有利的。特别是当资本收益率显著高于债务资本成本率且这一差异保持稳定时，公司可以考虑增加债务规模以利用这一优势，这种做法不仅可以提高公司的整体盈利能力，还可以通过杠杆作用增加股东的回报。然而，如果资本收益率低于债务资本成本率，这意味着公司借入的资金所产生的收益无法覆盖其成本。在这种情况下，增加债务规模将不利于公司的财务健康，可能导致公司财务负担加重，甚至引发财务危机。因此，公司应该谨慎处理其债务规模，并通过股权融资或其他融资渠道来平衡资本结构。最终，公司需要在债务和股权之间找到一个平衡点，以确保其长期的财务稳定性和增长潜力。

（二）比较净资产收益率与优先股股利率

当净资产收益率高于优先股股利率时，表明公司使用优先股融资所得资金的回报率高于其成本。这种情况下，发行优先股成为一个有效的策略，因为它能够为公司带来较低成本的资金，同时提供稳定的资本来源。此外，优先股对公司的财务稳定性影响较小，因为优先股股利通常是固定的，且在公司破产时优先于普通股进行偿还。当净资产收益率不仅高于优先股股利率，而且这种差异保持稳定时，公司可以考虑增加优先股与普通股的比例。这样做可以提高公司的整体资本边际效率，同时降低融资成本。在确定了优先股的规模之后，公司需要进一步考虑普通股的融资规模。这一决定应基于对公司整体融资需求的评估，以及对市场条件、公司发展战略和股东价值最大化目标的考虑。通过精心规划和执行这些策略，公司能够实现财务稳健和长期增长。

（三）关注市场对公司资本结构的反应

要确定公司最优资本结构，就必须关注市场对公司资本结构的反应，该反应主要是通过融资成本反映出来。通常情况下，普通股融资的成本较高，优先股次之，债务融资的成本较低。但是普通股融资具有一次性融资数量大的优势。

（四）选择适当的发行时间和方式

发行时间的确定应当考虑市场状况、投资者情绪、行业趋势，以及公司自身的财务状况等因素。公司在市场情绪高涨、投资者对公司前景持乐观态度时发行股票，可能获得更高的估值。而发行方式，如公募、私募等，都有其特点和影响。例如，公募可以更广泛地散布股权，而私募可以吸引特定投资者。每种方式都直接影响普通股的每股账面价值、EPS 和市价。选择正确的发行时间和方式，可以最大化资金筹集效率，同时保护现有股东的利益。

（五）考虑控制权和市场反应

公司在考虑普通股融资时，应注意股权分散对公司控制权的潜在影响，并考虑市场反应对发行价格的影响。综合考虑这些因素有助于公司充分利用普通股融资的优点，从而实现资本结构的优化和公司价值的最大化。

第二节　可转换债券融资

一、可转换债券的含义与特性

（一）可转换债券的含义

可转换债券是由发行人依法定程序发行并规定投资者在一定期限内可以按约定的条件将其转换为发行公司股票的债券。可转换债券在转换前，投资者是公司的债权人，不具有股东的权利和义务。转换后，投资者转变为公司的股东。[①]

（二）可转换债券的特性

可转换债券是一种混合金融工具，它实际上是将公司股票的看涨期权内嵌于传统公司债券之中，同时具备债权性、股权性、期权性、可转换性等特性。

1.债权性

可转换债券首先是一种债券，这意味着它具有债权性。持有可转换债券的投资者在债券存续期间享有固定的利息收入，并在债券到期时能够获得本金的偿还。这种固定收入的特性使可转换债券与传统债券类似，为投资者提供一定的收益保障。此外，可转换债券的债权性也意味着在公司破产清算时，投资者优于股东获得赔偿。

---

① 　梁积江，李媛媛.企业资本运营管理［M］.北京：企业管理出版社，2019：107.

2. 股权性

投资者有权在特定条件下，将可转换债券转换为公司的普通股。这意味着投资者不仅可以获得债券带来的固定收益，还有机会参与公司的增长和盈利。当公司表现良好，股价上升时，可转换债券转换成股票可以带来更高的收益。因此，可转换债券结合了债权和股权的优点，提供了灵活性和潜在的高回报。

3. 期权性

可转换债券的期权性体现在投资者拥有的转换权上。这种转换权实质上是一个期权，其允许持有人在未来某个时间以预定价格将债券转换为股票。这种选择权为投资者提供了额外的价值，因为它使投资者能够根据市场条件和公司表现来决定是否执行转换。期权性增加了可转换债券的复杂性和吸引力，使其成为一种灵活且多功能的投资工具。

4. 可转换性

可转换性是可转换债券的一个核心特性，它赋予投资者在特定时间内根据约定条件将可转换债券转换为发行公司的股份的权利。这一特性显著区分了可转换债券与普通公司债券，为投资者提供了一种重要的选择权。如果投资者选择不行使转换权，他们可以继续持有债券直至到期，届时将收回本金及利息，或者选择在债券的二级市场上进行出售以实现变现。然而，当投资者决定行使转换权时，发行公司无权拒绝这一行为。这种转换为投资者提供了一个独特的优势：能够充分分享发行人业绩增长及其股票价格上升所带来的潜在收益。通过这种方式，可转换债券结合了债权的稳定性和股权的增值潜力，为投资者提供了灵活性和可能的高收益机会，使其成为一种颇具吸引力的金融工具。

二、可转换债券的基本要素

（一）基准股票

基准股票是指可转换债券转换为股票时所依据的股票类型。通常，这些股票是债券发行公司的普通股。基准股票的选择对于投资者来说至关重要，因为它直接关联到可转换债券的潜在价值和吸引力。投资者在评估可转换债券时，会密切关注与之相关的基准股票的市场表现、公司的财务状况，以及未来增长潜力。基准股票的市场价格上升可以增加转换债券为股票的吸引力，而价格下跌则可以削弱这种吸引力。因此，基准股票的选择和表现对于确定可转换债券的总体价值和投资回报具有决定性作用。

（二）票面利率

票面利率是指可转换债券的固定利率，即债券投资者在债券存续期间按照票面价值获得的年利息收益率。这一利率通常低于同级别的非可转换债券的利率，因为可转换债券提供了将债券转换为股票的附加选择权。票面利率为投资者提供了一种稳定的收入来源，这在股市表现不佳时尤为重要。然而，对于追求更高回报的投资者而言，可转移债券转换为股票的潜在收益更具吸引力。因此，票面利率是衡量可转换债券吸引力和投资者风险偏好的关键因素之一。

（三）转换率和转换价格

转换率是指一定面额的债券可以转换成基准股票的股数，这个转换率决定了投资者转换权的价值。高的转换率意味着投资者可以用较少的债券换取更多的股票，从而在公司表现良好时获得更高的回报。转换价格是指投资者可以将债券转换为股票的价格，通常这个价格在债券发行时就已确定。转换价格与市场股价的关系决定了转换的吸引力：只有当市场股价高于转换价格时，转换才具有财务上的吸引力。这两个因素共同决定了可转换债券的潜在价值和投资者的最终收益。

（四）转换期

转换期是指投资者可以选择将可转换债券转换为基准股票的时间段。这个时间段通常在债券发行后的某个时间点开始，直到债券到期或提前赎回之前结束。转换期的长度和时机对于投资者而言至关重要，因为它决定了投资者行使转换权的灵活性。在转换期内，投资者需要密切关注市场条件和股票价格，以决定行使转换权的时间以最大化收益。如果市场条件有利，即股价高于转换价格，投资者可以选择转换债券以获得股票的所有权。相反，如果市场条件不利，投资者可以选择保留债券，享受固定的利息收入。因此，转换期提供了一定的时间窗口，让投资者可以根据市场变化和个人投资策略做出决策。

（五）赎回条款

赎回条款允许债券的发行方在特定条件下提前赎回债券。这通常在债券的票面利率显著低于市场利率时发生，或者在公司股价显著上涨，使转换成为对投资者有利的选择时实施。赎回条款为发行方提供了一种机制，以避免过度地稀释股东权益或支付高昂的利息成本。对于投资者而言，赎回条款可能意味着他们必须在较短的时间内决定是行使转换权，还是接受赎回时的条款。因此，这些条款对于评估可转换债券的风险和回报潜力非常重要。

（六）回售条款

发行公司为了降低票面利率和提高转换价格，吸引投资者认购可转换债券，往往会设计回售条款，即当公司股票在一段时间内连续低于转股价格达到某一幅度时，投资者以高于面值的一定比例的回售价格，要求发行公司收回可转化债券的权利。回售条款是投资者向发行人转移风险的一种方式。回售条款主要有三个要素：回售期限、回售价格、回售条件。

（七）转换调整条件

转换调整条件是指在特定情况下，转换率或转换价格会根据预定规则进行调整的条款。这种调整通常发生在公司进行股票拆细、派发额外的股利，或进行其他影响股价的重大事件时。转换调整条件能够保护投资者的利益，可以确保可转换债券转换为股票时的公平性和合理性。例如，如果公司进行股票拆细，可转换债券转换价格会相应降低，以保持转换率的价值不变。这些调整确保可转换债券在公司结构或市场条件变化时仍然保持其吸引力和价值。这些调整条件是投资者评估和管理可转换债券投资的重要依据。

三、可转换债券融资的优势

可转换债券融资为公司提供了一种独特的资本筹集方式，它具有很多方面的优势，具体如图 4-2 所示。

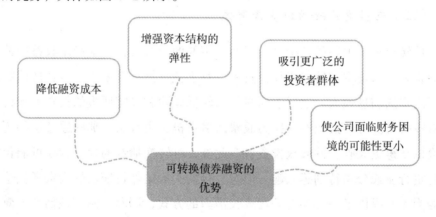

图 4-2　可转换债券融资的优势

（一）降低融资成本

与普通公司债券相比，可转换债券的利率通常较低，这意味着在可转换债券转换为股票之前，发行人在支付利息方面的财务负担较轻。这种较低的利率直接减少了公司的财务费用，从而提高了公司的整体价值。可转换债券转股前，投资者仅是一般的债权人，享有较低的利息收入。与发行股票后税后支付红利相比，公司支付的债息可以作为财务费用计入成本，具有明显的避税效应。

（二）增强资本结构的弹性

一般来说，资本结构的弹性包括时间弹性、转换弹性和转让弹性。时间弹性体现在公司筹资的期限具有灵活性，比如能展期和提前收兑。可转换债券在转换前可以被发行公司收回，转换后则形成公司的自有资本，从而提供了确定的时间弹性。转换弹性是指某种形式的筹资在特定条件下可以转换成另一种形式的筹资。可转换债券显然具备这种转换的弹性。转让弹性则是指公司的筹资能在市场上交易、转让。可转换债券具有一定的流通市场，因此拥有较强的转让弹性。有弹性的资本结构可以实现资本结构的动态优化，以适应整个金融市场的复杂性。

（三）吸引更广泛的投资者群体

可转换债券独特的结构吸引了两类主要的投资者：寻求稳定收益的债权投资者和寻求资本增值的股权投资者。对于债权投资者来说，可转换债券提供了固定的利息收入，这对于那些寻求较低风险和稳定回报的投资者来说非常有吸引力。可转换债券转换为股票的潜在机会也吸引了那些愿意承担更高风险以获得更大收益的股权投资者。此外，可转换债券的投资者还可能包括对特定行业或公司特别感兴趣，但对直接购买股票保持谨慎的投资者。这类债券为他们提供了一种参与公司成长潜力的方式，同时限制了他们的下侧风险。可转换债券结合了债权和股权的特性，对投资者组合的多样性和风险管理提供了额外的价值。

（四）使公司面临财务困境的可能性更小

由于可转换债券通常设有较低的票面利率，公司在可转换债券转换为股票之前的利息支出相对较低，这直接降低了公司短期的财务压力。在现金流量紧张的情况下，这种降低的利息负担可以帮助公司避免财务困境，特别是在经济不稳定或市场条件不利的时期。可转换债券的结构提供了债务到股权的转换机制。在股价表现良好的情况下，投资者可以选择将债券转换为股票，这意味着公司可以避免偿还债务本金，从而减少了长期负债，并改善了资产负债表。这种转换机制降低了公司的负债水平，提高了财务灵活性，从而减少了因高负债而面临的财务风险。可转换债券还提供了一种缓冲机制，以应对市场波动和不确定性。在市场不利或公司业绩低于预期的情况下，债券的固定收益特性为公司提供了一定的财务稳定性。如果市场环境改善，可转换债券转换为股票的潜在收益则为公司提供了资本增值的机会。因此，可转换债券的这种灵活性和双重特性使公司在面对复杂和不确定的市场环境时，能够更好地管理财务风险，降低公司面临财务困境的可能性。

四、可转换债券的价值分析

（一）原始债券价值

原始债券价值是指可转换债券不能被转换为股票时的价值，它是按照考虑偿债率计算而得出的。

1. 原始债券价值的计算公式

原始债券价值的计算是通过对未来现金流量（即债券的利息支付和到期时的本金偿还）进行贴现得到的。这个计算过程类似于普通固定收益债券的估价方法。

原始债券价值的计算公式如下

$$PV = \sum_{t=1}^{n} \frac{C}{(1+i)^t} + \frac{V}{(1+i)^n} \tag{4-4}$$

式中，PV 为债券价值；C 为年利息额；V 为债券面值；n 为债券到期年数；i 为债券的贴现率。

2. 原始债券价值的影响因素

一是利率水平。一般来说，利率上升会导致债券价格下降，反之亦然。这是因为债券的未来现金流量（利息和本金）的贴现值会随着贴现率的变化而变化。如果贴现率高于债券的票面利率，债券的价值会降低，因为投资者可以在市场上找到更高收益的投资机会。

二是债券的剩余期限。通常，期限越长的债券，其价格对利率变化的敏感性越高。这是因为长期债券未来现金流量的时间跨度更长，因此对贴现率的变化更加敏感。

三是债券的信用风险。债券的信用风险对债券价值有显著影响。信用评级较低的债券（如高收益债券）由于信用风险较高，通常需要提供更高的收益率来吸引投资者。反之，信用评级较高的债券由于风险较低，可以以较低的收益率吸引投资者。

四是债券的票面利率。债券的票面利率与贴现率的关系也会影响债券的价值。如果债券的票面利率高于当前贴现率，其价值通常会高于其面值，因为它为投资者提供了高于市场平均水平的回报。

3. 原始债券价值与公司价值的关系

当公司面临财务困境时，其债券的风险水平升高，导致市场要求更高的风险补偿，即更高的必要报酬率。在这种情况下，原始债券价值会随着贴现率（或必要报酬率）的上升而下降。这是因为投资者需要更高的回报来补偿他们承担的额外的风险。原始债券价值与公司价值之间的关系如图4-3所示。

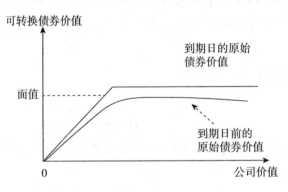

图4-3　原始债券价值与公司价值之间的关系 [1]

根据图4-3可知，当公司价值降至零时，其原始债券价值也会降至零。这表明了公司的财务状况与其发行的债券价值之间的直接联系。如果公司无

---

[1]　王超．哈佛商学院 MBA 教程系列：八项专业选修课程：融资与投资管理［M］．北京：中国对外经济贸易出版社，1999：137.

法产生足够的现金流量来满足其债务义务，那么其债券投资者面临的是完全损失的风险，因此债券价值归零。当公司价值提高时，原始债券价值也会随之增加，但这种增加至多达到零息债券的价值。这反映了即使公司的财务状况改善，债券作为固定收益工具的价值也有其上限。零息债券的价值主要由本金偿还的预期决定，不包括任何额外的利息收益。这意味着，即使公司价值提高，债券的价值仍受到其本身特性（如票面利率、到期时间等）的限制。

（二）转换价值

可转换债券的转换价值是指如果投资者选择将债券转换为普通股所能得到的价值。这个价值依赖相关股票的当前市场价格，以及债券的转换率。转换价值的计算公式如下

$$转换价值 = 当前普通股价格 × 转换率 \qquad (4-5)$$

从以上公式中可以看出，转换价值是由转换率和普通股价格两个因素决定的。普通股价格的影响因素很多，这里的普通股价格取决于投资者对未来股市价格的预期。而转换率通常会随着时间的推移而逐渐降低。因此，对于可转换债券投资者而言，决定何时行使转换权，主要取决于他们对未来股票价格的预测。当转换价值高于债券价值时，投资者进行转换是可取的。但是如果投资者预测，普通股价格的上涨可以弥补转换率的下降，他们不急于行使转换权也是可行的。

（三）选择权价值

由于可转换债券赋予投资者未来行使或者放弃将债券转换为公司普通股的权利，因此，投资者可以等待时机，根据原始债券价值与转换价值孰高孰低决定是否行使权力。选择权给投资者增加了盈利的机会，选择权应当是有价值的，选择权价值的存在提高了可转换债券的价值，使可转换债券的价值略高于原始债券价值或者转换价值。高出的部分就是选择权价值，如图4-4所示。

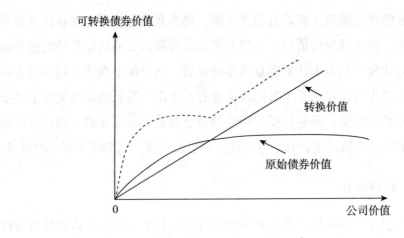

图 4-4　可转换债券的价值 [①]

在计算可转换债券的总价值时，选择权价值被视为一个重要组成部分。可转换债券的总价值不仅取决于原始债券价值和转换价值中的较高者，还包括选择权本身的价值。这意味着可转换债券的总价值通常会高于单纯的原始债券价值或转换价值。可转换债券的总价值可以表示为

可转换债券的总价值 = max（原始债券价值/转换价值）+ 选择权价值　　（4-6）

在市场条件变化，特别是当公司价值下降时，可转换债券的总价值将更多地依赖原始债券价值加上选择权价值。这是因为在公司价值降低的情况下，转换债券为股票的吸引力可能减弱，而债券的固定收益特性及其选择权成为其价值的主要构成部分。

五、可转换债券融资的适用范围

（一）成长型公司

成长型公司，特别是那些处于快速发展阶段的公司，通常具有巨大的资本需求，例如用于扩张、研发、市场开拓或新技术投入等方面。这些公司往

---

① 王超.哈佛商学院 MBA 教程系列：八项专业选修课程：融资与投资管理［M］.北京：中国对外经济贸易出版社，1999：137.

往还没有达到稳定盈利的状态，因此可能缺乏传统融资渠道所要求的财务稳定性和盈利能力。在这种情况下，可转换债券成为一种理想的融资工具，因为它们结合了债务和股权融资的特点，既提供了必要的资金，又降低了立即股权稀释的风险。

成长型公司通常具有较高的潜在成长性和未来盈利能力，这使将可转换债券转换成公司股票的选项对投资者具有吸引力。对于这些公司来说，可转换债券的低利率降低了短期内的财务负担，使它们能够将更多资源投入增长和扩张中。当公司的成长潜力得到实现，公司股价上升时，投资者可能会选择将债券转换为股票，从而分享公司成长的成果。这种融资方式为成长型公司提供了灵活性和资金，同时为投资者提供了参与公司成长的机会。

（二）高风险公司

高风险公司，如处于高度竞争性市场的初创公司、技术创新型公司或经历业务重组的公司，通常面临较高的不确定性和潜在风险。这些公司的融资需求可能无法通过传统的债务融资满足，因为传统贷款要求公司有稳定的现金流量和较低的风险水平。在这种情况下，可转换债券提供了一种有效的融资途径，因为它降低了债权人的风险敞口，并给予了股权参与的可能性。可转换债券在高风险环境中为投资者提供了一种风险和回报之间的平衡。债券部分为投资者提供了一定程度的保护，因为即使公司经营失败，债权人也有优先索偿权。如果公司经营成功，转换为股票的选择权使投资者能够参与公司的增值。这种结构对于愿意在较高风险下寻求较高回报的投资者具有吸引力。对于经历重组或转型的高风险公司来说，可转换债券是一种重要的融资方式。它们可以通过发行可转换债券来改善财务结构，同时为投资者提供参与公司未来成长的机会。

（三）股市低迷时期

在股市低迷时期，可转换债券融资成为许多公司的理想选择。在这样的市场环境中，由于股票价格普遍下跌或市场波动增加，直接通过公开市发行股票来筹集资金变得更加困难。投资者对于购买新发行的股票持谨慎态度，因为股市不稳定可能导致他们的投资迅速贬值。在这种情况下，可转换债券作为一种结合了债务和股票特征的融资工具，为公司提供了一种更为可行的资本筹集方式。

对于公司而言，可转换债券通常能够以比直接股权融资更低的成本吸引资金，因为它们提供了固定的利息收入作为安全垫。这对于在股市低迷时期寻求资金的公司来说尤其重要，因为这些公司可能无法承受高昂的融资成本。转换债券为股票的选项为投资者提供了参与公司未来可能股价回升的机会，从而在股市恢复时实现资本增值。对于投资者而言，在股市低迷时期，可转换债券提供了一种相对稳健的投资选择。与直接购买股票相比，可转换债券的债权性质为他们提供了一定程度的风险保护。如果市场状况改善，他们仍然有机会通过转换权力参与股票的升值中去。因此，在股市低迷时期，可转换债券融资不仅为公司提供了灵活且成本效益高的融资途径，而且为投资者提供了风险较低且潜在回报较高的投资机会。这使可转换债券成为在此类市场环境下双方都可接受的融资工具。

第三节　股权融资风险管理策略

股权融资是公司常见的融资方式之一，只要采取适当的措施，就可以最大限度地规避风险，主要措施有以下几方面：

一、提高公司治理水平

在股权融资中，提高公司治理水平对于规避风险至关重要。公司治理水平主要体现在公司内部的权力分配和决策机制，包括董事会构成、股东权利、管理层责任和内部控制。公司可以通过以下科学合理的公司治理结构来规避股权融资风险。

（一）均衡的董事会构成

董事会成员应具有多元化的背景和专业知识，这样可以带来不同的观点和经验，使决策过程更加全面。独立董事在董事会中扮演着至关重要的角色，他们不参与日常运营，能够提供无偏见的判断，还能够有效监督管理层，从而减少利益冲突。独立董事还代表小股东利益，保证他们的声音在重要决策中被听取。公司应确保执行董事与独立董事之间有合理的比例，以维持决策的效率与公正性。董事会的这种多元化和平衡结构有助于提高透明度、增强责任感和提升公司治理水平，进而有效地规避股权融资中的风险。

（二）有效的股东权利保障

在股权融资中，保护所有股东，特别是小股东的权利至关重要。有效的股东权利保障包括确保他们在公司重大决策过程中有投票权，能够获取关于公司运营和财务状况的透明信息，并有机会在股东大会上表达观点。这些措施有助于维护股东之间的平衡，防止大股东滥用权力或对公司策略产生不当影响。对小股东权利的保护也增加了公司对外部投资者的吸引力，提高了市场对公司治理的信心。通过设立有效的沟通渠道和反馈机制，确保所有股东的利益和意见都被考虑和尊重，公司可以降低由于内部利益冲突引发的风险。

（三）明确的管理层责任

管理层责任应明确规定，并建立一个强有力的监督和问责机制。这包括定期的绩效评估，以及与公司长期目标和股东利益一致的激励机制。管理层的激励结构应考虑长期价值的创造，而不仅仅是考虑短期业绩。例如，可以通过股票期权、长期绩效奖金等方式，鼓励管理层为公司长期利益做出贡献。公司应强化内部的合规文化，确保管理层的行为符合法律法规和公司政策。明确的责任划分和有效的监督机制有助于减少管理层的不当决策，从而降低公司的整体风险。

（四）强化内部控制和风险管理

建立和强化内部控制和风险管理体系对于规避股权融资风险至关重要。内部控制应覆盖财务报告、运营效率和合规性，确保所有业务活动都在可控的范围内进行。财务控制机制应确保财务数据的准确性和及时性，运营控制应优化业务流程，提高效率和效果。合规控制需要确保公司活动符合法律和行业标准。公司应建立全面的风险管理框架，定期识别、评估和管理市场风险、财务风险、运营风险等。通过建立适当的风险缓解措施和应急计划，公司可以更好地准备应对潜在的风险事件。强化内部控制和风险管理不仅提高了公司的运营效率和透明度，还增加了股东和潜在投资者对公司的信任和信心。

二、优化股权结构

在股权融资的过程中，优化股权结构是一项关键策略，它直接影响着公司的长期稳定性和成长潜力。一个均衡且合理的股权结构可以有效降低风险。优化股权结构涉及多个方面，包括股权分配的公平性、股东的多元化、控股结构的稳定性，以及建立有效的激励与约束机制。

（一）股权分配的公平性

股权分配的公平性是优化股权结构的基础。公平的股权分配意味着各股东的权利和责任与其持股比例相匹配。这有助于保障小股东的利益，避免大股东对公司的过度控制，同时确保管理层的决策能够反映广泛股东的意愿。在股权融资时，公司应考虑新旧股东之间的权益平衡，确保新股东的加入不会对现有股东造成不公平的影响。

（二）股东的多元化

股东的多元化是优化股权结构的重要方面。多元化的股东背景可以为公司带来不同的资源，有助于公司在不同市场环境中适应和成长。多元化的股东结构还可以减少对单一股东的依赖，降低特定股东退出或变更时对公司的影响。

（三）控股结构的稳定性

控股结构的稳定性对公司的长期发展至关重要。稳定的控股结构有助于保持公司战略的连续性和一致性，减少由于股权变动带来的不确定性。在股权融资中，公司应谨慎考虑股权结构的调整，避免频繁的大幅变动，确保公司决策的稳定性和前瞻性。

（四）建立有效的激励与约束机制

建立有效的激励与约束机制是优化股权结构的关键。公司通过激励机制，如股票期权和利润分享计划，可以激发管理层和核心员工的积极性，促使他们为公司长期利益而努力。合理的约束机制，包括管理层的绩效评估和股东大会的监督，可以防止管理层的权力滥用和决策偏差。公司通过激励与约束相结合，可以确保管理层的行为与股东利益一致，促进公司的健康发展。

三、加强战略沟通，建立良好的股东关系

通过加强战略沟通和建立良好的股东关系，公司可以有效规避股权融资中的风险，创建稳定和积极的投资环境。这不仅有助于短期的风险管理，也是公司长期运营成功和可持续发展的基础。

（一）增强信息透明度和定期沟通

在股权融资中，信息的透明度对于建立和维护股东信任至关重要。公司应确保对所有股东都提供及时、准确且全面的信息。这包括定期发布财务报告、业务更新、市场动向及管理层的决策情况。通过定期的业务汇报会议、股东大会和新闻发布会，公司可以确保股东对公司的运营情况有清晰的了解。这种透明和开放的沟通策略有助于减少股东间的误解和猜疑，降低由信息不对称引起的风险。

（二）积极的股东参与和反馈渠道

积极鼓励股东参与是构建良好股东关系的关键。公司应为股东提供表达意见和建议的渠道，如股东问卷调查、反馈系统或股东咨询会议。这些渠道不仅能够让股东感到自己的声音被听取和尊重，而且可以为公司提供宝贵的改进建议。对于重大决策，公司应该充分考虑股东的意见和利益，确保决策过程中股东的参与。

（三）应对危机时的有效沟通

在面临市场波动、管理危机或其他挑战时，有效的沟通策略对于维持股东关系和公司声誉尤为重要。在危机时期，公司应该采取主动、透明且及时的沟通策略，向股东解释目前的情况、采取的措施和未来的计划。这可以减少股东的恐慌和不确定性，维护公司的稳定性和股东的信心。危机沟通也是公司展示其责任感和透明度的机会，长期来看有助于增强股东和市场的信任。

四、完善信息管理制度

公司在股权融资中应实行严格的信息管理。与投资者沟通时，公司应确定敏感的信息，并采取必要的保密措施，如与投资者签署保密协议。公司应确保公开披露的信息准确无误。

（一）确定信息敏感性和保密措施

在股权融资中，公司需处理大量敏感信息，如财务数据、战略计划和内部运营情况等。确定敏感的信息并确立相应的保密措施是至关重要的。这包括在与潜在投资者、合作伙伴及顾问沟通时实施保密协议，确保敏感信息不被泄露。公司需要对内部员工进行培训，明确信息共享的界限，确保他们了解保密的重要性并遵循公司的保密规定。

（二）准确和及时的信息披露

公司需要确保对外公开披露的信息准确无误，并且遵守相关法律法规的要求。这涉及定期的财务报告、重大事件的更新，以及对市场动态的及时反应。准确的信息披露有助于提升投资者和公众的信任程度，降低误导投资者的风险。及时更新重要信息有助于保持市场的透明度和公平性。

（三）遵守法规和标准

遵守证券市场和公司治理相关的法规和标准是信息管理的重要部分。这包括遵循中国证券监督管理委员会和其他监管机构的规定，确保所有信息披露符合法律要求。公司需要有专门的合规团队或法律顾问来监督信息管理的合规性，确保遵循行业最佳实践和法律规定。

（四）建立内部信息控制系统

内部信息控制系统是确保信息安全和准确性的关键。公司应建立有效的内部控制系统，比如信息审查流程、数据保护措施和内部审计程序。这些控制措施有助于及时发现和纠正信息处理中的错误，防止内部信息泄露，确保对外披露信息的准确性和时效性。

五、听取外部专家建议

在股权融资中，引入外部专家的建议是一种有效的风险管理策略。外部专家能提供专业的、独立的视角，帮助公司在复杂的股权融资领域做出更明智的决策。当公司面对股权融资的多重挑战时，外部专家比如财务顾问、法律专家、市场分析师和投资银行家可以提供关键的支持。这些专家通常具备深厚的市场知识、丰富的行业经验，以及财务和法律知识。他们能够帮助公司了解当前的市场趋势、评估公司价值、提出合理的股权定价策略，并建议最适合公司当前状况的股权融资方式。这种专业建议不仅有助于公司制定更加有效的股权融资策略，还能帮助公司避免定价错误或选择错误的融资渠道，从而减少发行风险。外部专家提供的独立第三方观点对于平衡和克服内部决策过程中可能存在的偏见尤为重要。他们的客观意见有助于公司管理层从更广泛的视角审视股权融资决策。他们能够指出可能被内部团队忽视的风险和挑战。这种客观的视角有助于公司做出更全面和客观的决策，从而有效地规避风险。

公司资本结构优化篇

第五章 资本成本与资本结构理论

第一节 资本成本概述

一、资本成本的概念

资本成本是公司在筹集和使用资金的过程中所承担的成本，包括筹资费用和用资费用两个主要方面。[①] 筹资费用包括公司在获取资金时产生的各种费用，如银行借款的手续费，发行股票或债券时的印刷费、评估费、公证费、宣传费以及承销费等。这些费用是筹集资金过程中不可避免的，对于公司来说是直接的现金支出。用资费用是指公司在使用筹集到的资金的过程中，向出资者支付的报酬，例如银行贷款和债券的利息支出，以及向股东支付的股利。这部分费用反映了公司使用资金的代价，是投资者为提供资金而要求的回报。

从广义上讲，无论是短期还是长期的资金，公司为其筹集和使用都需要支付一定的代价。但在狭义上，资本成本通常是指与筹集和使用长期资金（包括自有资本和借入的长期资金）相关的成本。由于长期资金被称为资本，因此其成本称作资本成本。

---

① 谭利．工商管理硕士（MBA）系列教材：财务管理［M］．2 版．重庆：重庆大学出版社，2022：149.

对于公司来说，资本成本是其投资行为需要达到的最低收益率的标准。公司在进行投资决策时，需要确保投资的收益率至少要高于资本成本，以保证投资的经济性和合理性。而对于股东和债权人而言，资本成本则体现了他们对投入资金所期望的最低报酬率。

二、资本成本的种类

资本成本的种类有很多。根据用途的不同，资本成本可分为个别资本成本、加权平均资本成本和边际资本成本。

（一）个别资本成本

个别资本成本是指公司各种长期资本的成本。公司在比较不同筹资方式时，个别资本成本是一个重要的考量标准。它主要包括债务资本成本和权益资本成本。债务资本成本主要包括长期借款和长期债券。权益资本成本包括优先股资本成本、普通股资本成本和留存收益资本成本。个别资本成本的核心在于评估每一种资本来源的成本，以确定哪一种资本形式对于公司来说更经济、更有效。这种分析有助于公司制定资本结构策略，优化其融资组合，以降低整体融资成本。

（二）加权平均资本成本

加权平均资本成本是将各种资本所占总资本的比重作为权数，对各种资本成本进行加权平均后得出的结果。这一概念对于公司来说尤其重要，因为当资金来源多样化时，公司的筹资决策不仅要追求个别资本成本的最低化，还要注重综合资本成本的最小化。加权平均资本成本为公司提供了一个评估不同融资组合效果的综合指标，有助于公司在多种融资渠道中做出平衡和最优选择。

（三）边际资本成本

边际资本成本是指公司每追加筹集一单位新资本所付出的代价。边际资本成本考虑了额外融资的边际效应，即随着融资规模的增加，融资成本可能会发生变化。公司可以利用边际资本成本来进行追加筹资的决策，尤其是在需要评估新增资本是否能够带来超过其成本的额外收益时。因此，边际资本成本对于公司制定长期融资策略、评估新增融资项目的可行性，以及优化资本结构具有重要意义。

三、资本成本的影响因素

在市场经济环境中，多方面因素的综合作用决定着公司资本成本的高低，具体如图 5-1 所示。

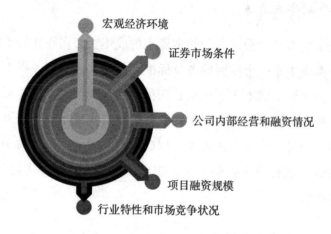

图 5-1　资本成本的影响因素

（一）宏观经济环境

宏观经济环境对资本成本的影响不容忽视，它主要通过影响资本的供求关系，及预期通货膨胀率来影响资本成本。在一个健康的经济环境中，资本通常较为充裕，利率水平相对较低，这有利于降低公司的资本成本。在经济增长放缓或衰退的情况下，资本变得稀缺，利率上升，增加了公司筹资的成本。预期通货膨胀率同样会对资本成本产生影响。预期通货膨胀率的上升会降低货币的购买力，导致投资者寻求更高的收益率以补偿通货膨胀带来的损失，从而提高公司的资本成本。政府的财政和货币政策，如税率变化、货币供应量的调整，也会影响整体经济环境，进而影响资本成本。因此，公司在制定资金筹措策略时需要密切关注宏观经济的动态和趋势。

（二）证券市场条件

证券市场条件是资本成本的另一个关键影响因素。市场的流动性和价格波动程度直接影响公司通过发行股票或债券等证券来筹集资金的成本。高流动性的市场使证券买卖更加容易，降低了融资的成本。相反，流动性较低的市场增加了融资的难度和成本。证券价格的波动性也是一个重要考虑因素。价格波动性大的市场增加了融资的不确定性，导致投资者要求更高的风险溢价，从而提高了公司的资本成本。股市和债券市场的整体表现，如指数走势、交易量和交易活跃度，也会影响投资者的情绪和行为，进而影响公司的资本成本。因此，公司在考虑通过证券市场筹资时，必须评估当前的市场条件，以确定最佳的筹资时机和方式。

（三）公司内部经营和融资情况

公司内部经营和融资情况对资本成本有显著影响。这包括公司的盈利能力、信用评级和债务结构等多个方面。公司的盈利能力强，能够稳定地产生现金流量，这降低了投资者的投资风险，从而可以降低资本成本。如果公司的财务状况不稳定，例如债务水平高、现金流量紧张，这会增加公司的财务风险，导致投资者要求更高的风险溢价，从而提高公司的资本成本。此外，信用评级作为衡量公司偿债能力和财务健康状况的重要指标，对资本成本也有重大影响。信用评级较高的公司通常能以较低的成本筹集资金。公司的债务结构，即债务与股权的比例，也是决定资本成本的关键因素。过高的负债比率可能导致财务杠杆过大，增加公司的财务风险，从而提高公司的资本成本。

（四）项目融资规模

一般而言，项目融资规模越大，单位资本成本越高。这是因为大规模融资通常意味着更高的风险，尤其是当资金规模超出市场的吸收能力时。大规模项目融资可能导致资金的筹集成本上升，例如发行成本、利息成本等。大规模的融资可能会对市场造成影响，如股价的稀释效应，这也可能导致资本成本上升。大规模项目通常伴随着更高的不确定性和风险，这需要通过更高的预期回报来补偿，从而进一步增加了资本成本。因此，公司在规划融资时，需要权衡融资规模和资本成本之间的关系，以实现最优的资本结构和成本效益。

（五）行业特性和市场竞争状况

不同行业的公司因其行业特性不同，导致公司面临的风险和增长潜力各异，这直接影响投资者对资本回报的期望。高风险行业如科技，由于其不确定性较高，投资者通常要求更高的风险溢价，导致这些行业的公司面临更高的资本成本。市场竞争状况也是一个重要因素。在竞争激烈的市场中，公司需要更高的投资来维持其市场地位和竞争力，这会导致更高的融资需求和资本成本。市场的成熟度和增长潜力也会影响投资者的风险评估和回报要求。因此，公司在考虑资本成本时，需要考虑其所在行业的特性和市场竞争状况，以及这些因素对投资者的期望和公司的融资成本的影响。

第二节　传统资本结构理论

传统资本结构理论可以分为三种：净收益理论、净营业收益理论和传统折中理论。[①]

---

① 方晓霞. 中国企业融资：制度变迁与行为分析［M］. 北京：北京大学出版社，1999：44-49.

一、净收益理论

净收益理论是资本结构理论中的一个较为极端的观点，它的核心主张是债务融资能够增加公司价值。这个理论认为，在公司的资本结构中，负债比率越高，公司的价值就越大。根据净收益理论，公司获得资金的途径没有限制，且无论是债务资本成本还是权益资本成本，都被视为是固定不变的，不会因财务杠杆的使用而受到影响。

在这个理论框架下，由于债务的收益率是固定的，并且债权人在公司的收益分配中享有优先权，因此债务的风险被认为低于股权风险。这导致公司的债务资本成本通常低于权益资本成本。因此，净收益理论指出，公司的负债比率越高，其加权平均资本成本就越低，公司价值也因此增加。基于此，净收益理论认为，为了最大化公司价值，公司应该尽可能多地使用债权融资，甚至可以达到100%的债权资本。

净收益理论假设权益资本成本 K_e 和债务资本成本 K_d 都固定不变，且 $K_d < K_e$。在这种条件下，由于债务可以带来利益，当公司增加负债或财务杠杆时，将使公司的市场价值提高，并且使公司的加权平均资本成本降低，而股票的每股市场价格提高。从下式中可以推导出上述观点，即债务 D 的增加，将导致公司加权平均资本成本 K_a 的降低，从而为公司带来收益。

$$K_a = \frac{D}{V}K_d + \frac{E}{V}K_e = K_e + \frac{D}{V}(K_d - K_e) \qquad （5-1）$$

式中，K_e 为权益资本成本，K_d 为债务资本成本，K_a 为加权平均资本成本，D 为债务，E 为权益资本，V 为公司总资产（可以视为公司市场价值），下同。

从公式（5-1）中可以看出，权益资本成本比债务资本成本大，也就是说 K_e 大于 K_d，那么，式（5-1）中的 $K_d - K_e < 0$。所以，随着 $\frac{D}{V}$ 的逐渐增加，加权平均资本成本 K_a 将随之下降。由此可以得出，公司在没有债务（$\frac{D}{V}=0$）的情况下，K_a 等于 K_e，这时公司的加权平均资本成本 K_a 最高。随着公司财务杠杆率（$\frac{D}{V}$）的提高，公司的加权平均资本成本 K_a 开始下降，当公司的资本完全来自债务时，即 $E=0$，$K_a = K_d$ 时，此时公司的加权平均资本成本最低，

公司的市场价值最高。

显然，这种理论观点忽略了高债务水平可能带来的风险，如财务杠杆效应增加和潜在的破产风险，它假设公司可以无限制地增加债务而不会影响债务资本成本率 K_d。

二、净营业收益理论

净营业收益理论是传统资本结构理论中的一个重要组成部分。这个理论提出了与净收益理论截然不同的观点，关注的是公司经营活动产生的收益，以及这些收益对公司的市场价值的影响。

根据净营业收益理论的核心观点，公司的市场价值不受资本结构的影响。这个理论基于几个关键假设。

一是公司债务资本成本较低且是一个常数，但权益资本成本不是固定不变的。公司的债务越多，风险就越大，权益资本成本也就越高。这样，成本较低的债务资本成本将被权益资本成本的增加所抵消。进行简单平均计算的结果是在所有的财务杠杆率下，公司的资本成本都保持不变且是一个常数。

二是公司的总市场价值是由公司的净营业盈余除以其加权平均资本成本而得到。由于公司的加权平均资本成本为一固定数量，净营业盈余为一独立变量，所以公司的总市场价值独立于公司的资本结构。

三是股东权益的市场价值可以由公司的总市场价值减去负债的价值而得到。

在上述假设条件下，净营业收益理论认为，公司资本结构不会影响资本成本，因此也不会影响公司的价值。按照这个理论，公司的价值主要取决于其经营活动产生的净收入。换言之，无论公司使用多少财务杠杆，其总体的资本成本都保持不变。因此，净营业收益理论认为，没有所谓的最优资本结构，所有不同类型的资本结构都可以被视为最优。这一结论可以从式（5-2）、（5-3）推导出。

$$K_a = \frac{D}{V}K_d + \frac{E}{V}K_e \qquad\qquad （5-2）$$

$$K_e = \left(K_a - \frac{D}{V}K_d\right)\frac{V}{E} = \frac{D}{E}(K_a - K_d) + K_a \qquad （5-3）$$

假设 K_a 和 K_d 都固定不变，且 $K_a > K_d$，随着 $\dfrac{D}{E}$ 的增加，K_e 将不断提高。这表明随着公司财务杠杆作用的扩大，会相应增加公司权益资本成本，使股东所要求的权益资本报酬率也会相应提高，财务杠杆产生的收益将全部作为股利向股东发放。权益资本成本的上升，正好抵消了财务杠杆提高所带来的好处。其结果是，公司的总市场价值与其财务杠杆率无关，公司的总市场价值没有发生变化。

净营业收益理论具有两个显著特征。第一，公司的债务资金成本和加权平均资本成本都被视为恒定的常数。第二，权益资本成本随债务水平的变化而线性变化。根据这一理论，股票市场价格不会因为财务杠杆率的变化而发生变动。因此，对于投资者而言，公司的资本结构变化并不具有重要意义。到目前为止，对净营业收益理论的讨论主要停留在理论层面，而在实际应用中，这一理论的意义有限。

三、传统折中理论

传统折中理论是对早期资本结构理论的一个实用性修正，它试图平衡净收益理论和净营业收益理论之间的极端观点。传统折中理论认为，债务资本成本率、权益资本成本率和加权平均资本成本都会随着资本结构的变化而变化。

在传统折中理论中，公司加权平均资本成本（K_a）被视为债务（D）和权益（E）的加权平均资本成本，其中公司的总资产（V）等于债务资本成本和权益资本成本的总和。用公式可以表示为

$$K_a = \frac{D}{V}K_d + \frac{E}{V}K_e = K_e + \frac{D}{V}(K_d - K_e) \qquad （5-4）$$

不同于净收益理论和净营业收益理论的假设，传统折中理论有以下几个观点：

一是债务资本成本（K_d）随着负债比率的增加而增加，因为更高的债务水平增加了财务风险和破产的可能性，导致债权人要求更高的回报率。

二是权益资本成本（K_e）随着财务杠杆的使用增加而增加，因为股东承担了更高的风险，因此要求更高的回报率。

三是加权平均资本成本（K_a）在一定范围内先降低再升高。初始阶段，债务的增加会使加权平均资本成本下降；但当债务水平超过某个点后，加权平均资本成本开始上升。

通常，在理想的资本结构点上，公司通过债务融资的边际资本成本与通过权益融资的边际资本成本是相等的。相较于净收益理论和净营业收益理论，传统折中理论在描述资本成本、财务杠杆与公司价值之间的关系方面显示出更高的合理性，其结论与实际观察到的情况更加吻合。然而，从总体来看，这三种传统的资本结构理论都存在一个共同的缺点：它们提出的许多结论往往是零散、非系统性的直观总结，它们提出的很多观点只是简单推断出来的，并没有实证检验的支持。

以上三种理论从不同的角度说明了公司负债与公司价值之间的关系，说明了公司财务风险对公司价值有影响，为以后的研究指出了方向，并且肯定了最佳资本结构的存在，为后来的资本结构研究奠定了一定的理论基础。[①]

第三节　现代资本结构理论

一、M-M 定理及其理论体系

在 20 世纪 50 年代至 20 世纪 60 年代，佛朗哥·莫迪利亚尼（Franco Modigliani）和默顿·霍华德·米勒（Merton Howard Miller）通过一系列的论文，奠定了现代财务理论的基础。这些论文中提出的观点，被统称为 M-M 定理，即莫迪利亚尼 - 米勒定理，成为现代资本结构理论的核心。

---

① 马广奇. 金融理论与政策［M］. 上海：复旦大学出版社，2021：120.

最初，莫迪利亚尼和米勒于 1958 年发表了一篇题为《资本成本、公司财务和投资理论》（The Cost of Capital, Corporation Finance and the Theory of Investment）的划时代的论文。这篇文章引发了广泛的关注和讨论。随后，他们通过一系列研究对 M-M 定理进行了补充和完善，列举了一些实证结果，进一步丰富了 M-M 定理。

米勒在之后的研究中提出的米勒模型，是在 M-M 定理的基础上建立的，本质上仍属于 M-M 定理的理论体系。整体来看，他们的研究共同构成了 M-M 定理的广义和完整理论体系，对现代财务理论产生了深远影响。

（一）M-M 定理的理论假设

M-M 定理基于一系列理想化的市场条件假设。这些假设构成了新古典资本结构理论的基础，使定理能在理论上得出公司资本结构对其总价值不产生影响的结论。以下是 M-M 定理的主要理论假设。

一是 M-M 定理假设资本市场没有交易成本，不存在政府限制，允许个人和公司自由地进行交易活动。此外，资本资产可以无限地分割，从而确保所有投资者都能参与市场活动。

二是 M-M 定理假设不存在个人所得税，或者股利和资本所得的课税是平等的。这意味着对于特定个人来说，无论收入来源如何，税率都是相同的，消除了税收对资本成本的影响。

三是 M-M 定理假设市场是完全竞争的，意味着公司和投资者的行为不会影响市场价格。公司可以随时按照市场价格交易证券，而且市场的利率结构是由市场决定的，不受个别公司的影响。

四是 M-M 定理假设投资者和公司都可以自由地借入和借出资金，发行证券，不存在借贷限制。

五是 M-M 定理假设所有人都对市场有相同的预期和判断。这一假设消除了由于预期差异带来的市场不确定性。

六是 M-M 定理假设所有公司和个人可以免费获得相同的信息，不存在信息不对称的问题。

七是 M-M 定理假设即使公司或个人发生财务危机或破产，也不会产生任何额外的财务成本，如法律费用、会计清算费用等。

在严格的、完全的市场假设条件下，莫迪利安尼和米勒提出两个主要定理，即无税时的 M-M 定理、存在所得税时的 M-M 定理。

（二）无税时的 M-M 定理

命题 1：在没有税收的情况下，公司的市场价值与其资本结构无关。[①] 这意味着无论公司采用何种比例的债务和股权融资，其总体市场价值保持不变。这一命题用公式可以表示为

$$V_l = V_u \qquad\qquad （5-5）$$

式中，V_l 为负债公司的市场价值（即公司采用债务和股权混合融资），V_u 为无负债公司的市场价值（即公司完全通过股权融资），下同。

这个公式表明，在没有税收的完美市场条件下，不论公司通过债务还是股权融资，或者是它们的任何组合，公司的总市场价值不会受到影响。这个观点挑战了传统财务理论中关于债务可以降低公司资本成本从而增加公司价值的看法，指出在理想化的市场环境中，资本结构的变化对公司价值没有影响。

命题 2：在没有税收的情况下，由于公司资产的风险会随着财务杠杆率（即债务和股权的比例）的增加而增加，因此公司的资本成本也会随着财务杠杆率的增加而增加。这一命题可以用公式表示为

$$K_{el} = K_{eu} + \frac{D}{E}(K_{eu} - K_d) \qquad\qquad （5-6）$$

式中，K_{el} 为有负债公司的权益资本成本，K_{eu} 为无负债公司的普通股权益资本成本，下同。

M-M 定理的命题 2 的含义是，在不考虑税收的情况下，使用财务杠杆的公司，即那些利用债务融资的公司，会随着负债比率的增加而面临更高的资本成本。这是因为随着负债比率的上升，公司资产的风险增加，股东因此

① 朱叶. 公司金融［M］.5 版. 上海：复旦大学出版社，2021：178.

承担更高的风险，就会要求公司给予更高的回报来补偿这种风险。这种增加的风险导致股权成本上升，从而提高了公司的整体资本成本。

重要的是，尽管财务杠杆的使用增加了公司的风险和股权成本，但M-M定理的命题2指出，这并不会导致公司的市场价值提高。这一点实际上从另一个角度证实了M-M定理的核心论点，即在没有税收的理想市场条件下，公司的市场价值与其资本结构无关。这意味着公司无法通过调整债务和股权的比例来增加其总体价值。

命题3：在任何情况下，公司的投资决策只能依据净权益流量的资本化率，而不受融资工具类型的影响。①

在M-M定理中，命题1是该理论的核心②，它指出在一个没有税收的完全市场环境下，公司的市场价值与其负债和股权的比率无关。命题2是对命题1在资本成本方面的延伸，说明了随着公司使用更多的财务杠杆，即债务增加，公司的资本成本也随之增加。而命题3则将命题1的理念应用于投资决策，指出公司的投资决策应仅基于净现金流量的资本化率，而不受融资方式的影响。这三个命题共同构成了M-M定理的完整框架。

在M-M定理的框架下，一个公司的市场价值是由其业务活动产生的现金流量和这些现金流量的风险决定的，而与公司是通过发行股票还是通过借贷来融资无关。这表明，在没有税收的理想市场条件下，公司的资本结构，也就是债务与股权的比例，对其市场价值不产生影响。这一理论在财务管理领域具有重要意义，因为它挑战了传统观念，即通过调整资本结构来增加公司价值的想法。

（三）存在所得税时的M-M定理

1963年，莫迪利亚尼和米勒对他们最初的理论进行了重要修正，考虑了

---

① MODIGLIANI F, MILLER M H. The Cost of Capital, Corporation Finance and the Theory of Investment [J]. The American Economic Review, 1958, 48（3）: 261-297.

② 沈艺峰. 资本结构理论史 [M]. 北京：经济科学出版社，1999: 26.

税收的影响。与他们之前在假设没有税收（$T=0$）的前提下得出的结论相比，这次修正后的 M-M 定理带来了不同的见解。这个修正版本的 M-M 定理包括两个新的命题，进一步发展了他们的理论框架。

命题 4：负债公司的价值等于无负债公司的价值加上负债带来的避税收益。[①] 由于利息支付是在计算公司税前利润时可扣除的，因此债务融资可以减少公司的税负，从而增加公司的总价值。

这一命题可以用公式表示为

$$V_l = V_u + T_c \cdot D \qquad (5-7)$$

式中，T_c 为公司所面临的税率，下同。

这个公式表明，债务融资提供了一个税盾，即由于利息的税前扣除，负债可以降低公司的应纳税所得，进而降低税负。这个税收节约增加了公司的总价值。因此，当考虑税收时，与无负债公司相比，负债公司的价值更高，这一增值正是由于税收节约带来的。

命题 5：负债公司的权益资本成本等于无负债公司的权益资本成本加上由于财务杠杆带来的风险补偿，而这种风险补偿取决于公司的负债率和所面临的公司所得税率。这一命题可以用公式表示为

$$K_{el} = K_{eu} + (K_{eu} - K_d)(1 - T_c)(D/E) \qquad (5-8)$$

以上两个命题构成了较为完整的 M-M 定理 2。在完全市场假设的条件下，当公司需要缴纳所得税且借款的利息可在税前作为财务费用支付时，则有举债公司的市场均衡价值为

$$V_l = V_u + T_c B_l \qquad (5-9)$$

式中，B_l 为公司债务的市场均衡价值，下同。

（四）米勒模型

米勒模型是由米勒在 1977 年提出的，是对 M-M 定理的进一步发展。在

---

① 韦玮，罗丽琼，程崇祯. 资本结构、行为金融分析与公司治理相关关系研究［M］. 武汉：武汉大学出版社，2017：21.

M-M 定理中，只考虑了公司所得税对资本结构的影响，而米勒模型则认为个人所得税也是重要的影响因素。米勒模型在 M-M 定理的基础上引入了个人所得税的考虑，从而使公司税模型更加完整。

米勒模型认识到，无论是债权投资者还是股权投资者，都需要缴纳个人所得税，而且债务利息的所得税率与股利所得税的税率的差异会影响投资者的投资决策。根据当时的税法，债务利息和股票红利按不同级别的税率来征税，而股票的资本收益通常享有较低的税率，有时甚至部分免税。这意味着税收政策会影响投资者对债券和股票的偏好。

米勒模型指出，由于公司债务利息支付在计算税前利润时可以抵扣，公司有动机增加负债率以获得负债的免税优势。然而，从个人投资者的角度来看，由于股票收益（特别是资本收益）享有个人所得税上的优惠，他们可能更倾向于购买股票而不是债券。从总体上看，公司的融资策略取决于公司免税优惠而形成的纳税节约与纳税人的纳税损失的比较，因此，税率高低影响了公司的融资决策。如果公司税率较高，就有利于公司的债务融资，如果个人所得税率较高，则有利于公司股权融资。[①]

在考虑税收的情况下，无负债公司的市场价值可用公式表示为

$$V_u = \frac{\text{EBIT}(1-T_c)(1-T_{pc})}{K_{eu}} \qquad (5-10)$$

式中，T_{pc} 为个人股票所得税税率；EBIT（Earnings Before Interest and Tax）为公司息税前利润，下同。

有负债公司的市场价值的方式计算如下，先考虑负债公司每年产生的现金流量。

$$
\begin{aligned}
CF_1 &= (\text{EBIT}-I)(1-T_c)(1-T_{pc})+I(1-T_{pd}) \\
&= \text{EBIT}(1-T_c)(1-T_{pc})-I(1-T_c)(1-T_{pc})+I(1-T_{pd})
\end{aligned} \qquad (5-11)
$$

---

① MILLER M H. Debt and Taxes [J]. The Joural of Finance, 1977, 32（2）: 261-275.

式中，CF_1 为有负债公司的市场价值，I 为公司每年支付的利息，T_{pd} 为利息收入的个人所得税，下同。

人们将式（5-11）中的每一项分别除以适当的折现率，就可以得出负债公司的价值。

$$V_l = \frac{\text{EBIT}(1-T_c)(1-T_{pc})}{K_{eu}} - \frac{I(1-T_c)(1-T_{pc})}{K_d} + \frac{I(1-T_{pd})}{K_d}$$

$$= V_u + \left[1 - \frac{(1-T_c)(1-T_{pc})}{1-T_{pd}}\right]\left[\frac{I(1-T_{pd})}{K_d}\right] \quad （5-12）$$

$$= V_u + \left[1 - \frac{(1-T_c)(1-T_{pc})}{1-T_{pd}}\right] \cdot D$$

从公式（5-12）可以看出：

一是如果 $T_c = T_{pc} = T_{pd} = 0$，则 $V_l = V_u$，这一表达式便是最初提出的 M-M 理论。

二是如果 $T_{pc} = T_{pd} = 0$，即忽略个人所得税，在这种情况下修正后的 M-M 定理表达式为 $V_l = V_u + T_c \cdot D$。这个公式表明，在只考虑公司所得税的情况下，公司通过债务融资可以提高其市场价值。这是因为利息支付减少了公司的应税收入，从而减少了税负。这个额外的价值，即税收节约（$T_c \cdot D$），随着公司负债的增加而增加。当公司的负债达到 100% 时，理论上公司的价值达到最大，因为此时税收节约最大化。

三是如果 $T_{pc} = T_{pd}$，即公司所得税率和个人所得税率相等，在这种情况下，公司因债务融资而获得的税收优势被个人投资者支付的个人所得税完全抵消。因此，这两种税收的影响在总体上是相互抵消的，导致公司的市场价值不会因为采用债务融资而发生变化。这意味着在这种特定的税率设置下，资本结构的选择对公司价值没有影响，公司可以自由地选择其资本结构而不影响其市场价值。

四是如果 $(1-T_c)(1-T_{pd}) = 1-T_{pd}$，则公司因债务融资而获得的税收优势（即利息支付的税前扣除）正好被投资者在个人层面上因债务投资所需支付的个人所得税所抵消。这意味着，尽管公司层面上债务融资似乎提供了税收优势，但在考虑个人投资者所需支付的个人所得税后，这种优势被中和，从而不会对公司的市场价值或资本成本产生实质性影响。因此，公司在做出融资决策时，可以不考虑资本结构的变化对其总体价值或成本的影响。这一结论在理论上为理解不同税收政策下资本结构的影响提供了重要视角。

二、权衡理论

根据修正的 M-M 定理，理论上公司的最佳融资策略似乎是尽可能增加负债率，因为这会增加公司的税收节约，从而提高公司价值。然而，在实际经济中，很少有公司的负债率超过 100%，甚至超过 70% 的公司也不常见。这种现象可以通过 20 世纪 70 年代发展起来的权衡理论来解释。权衡理论是资本结构研究的主要内容之一，其关注资本结构的成本与利益之间的平衡。该理论的核心思想是，公司的最佳财务杠杆率取决于一个关键点，即预期债务带来的边际税收收益等于预期债务的边际成本。[①]

权衡理论提出，公司可以通过增加债务来达到减免税收的效果，从而提升公司价值。这是由于债务利息的税前扣除降低了公司的应纳税所得，进而减少了税负。然而，这一理论同时强调，随着债务水平的提升，公司面临财务困境甚至破产的风险也会相应增加。一旦公司破产，就不可避免地产生破产成本。即便不至于破产，这种方法增加的财务困境概率也会给公司带来额外成本，这成为公司增加债务的一个主要限制因素。因此，在决策资本结构时，公司需要在债务的税收节约效应与潜在的破产成本之间找到平衡。根据权衡理论，负债公司的价值等于无负债公司的价值加上避税利益，再减去预期的财务困境成本的现值，即

$$V_l = V_u + T_c B - FPV \qquad （5-13）$$

式中，FPV 为预期财务困境成本的现值，包括因高债务水平而产生的

---

① 　张玉明.资本结构优化与高新技术企业融资策略［M］.上海：上海三联书店，2003：81.

直接或间接财务危机成本。公司的最优资本结构是在债务增加引起的公司价值提升与债务增加导致的风险成本及其他费用增加相平衡的点上。在这一点上，公司的价值达到最大。权衡理论主张，每个公司都应该在债务带来的收益与成本之间找到一个平衡。当债务的边际成本等同于边际收益时，公司的价值将达到最大化。这意味着公司存在一个理想的财务杠杆水平，即每个公司都有一个特定的债务水平，能够最大化其市场价值。

权衡理论指出，在相同的条件下，高风险公司的负债比率通常应该比较低。这是因为风险增加了公司破产的可能性，尽管破产的实际成本可能保持不变，但预期的破产成本会增加。与此相对，那些相对安全的公司可以通过增加债务来利用债务的税收节约效应，直至这种效应被预期的财务危机成本所抵消。公司持有的资产类型也会影响其最佳负债比率。具有有形、通用性资产的公司在面临破产时，资产价值损失相对较小，因此这些公司通常可以承担较高的负债比率。相比之下，拥有专用资产或无形资产的公司在破产时资产价值损失较大，因此其理想的负债比率较低。

权衡理论还指出，公司的盈利能力和资产流动性是影响其破产可能性和预期破产成本的重要因素，进而影响公司的最优杠杆率。随着负债比率的增加，债务的杠杆效应导致破产的可能性增加，预期破产成本随之上升。这意味着，在负债比率达到 100% 之前，会出现一个成本与收益平衡的点。

传统权衡理论也称静态权衡理论，该理论认为公司可以利用税收的屏蔽作用，通过增加债务来增加公司价值。权衡理论后期也称为动态权衡理论，该理论主要是对债务成本的拓展，将负债的成本从破产成本进一步扩展到了代理成本、财务困境成本和非负债税收利益损失等方面。该理论又将税收利益从原来所讨论的负债收益引申到非负债税收收益方面，这实际上是扩大了成本和利益所包括的内容，把公司融资看成是在税收收益和各类负债成本之间的权衡。

第四节 新资本结构理论

尽管现代的资本结构理论已经相对成熟，但在实际应用中仍存在一些难以用现有理论完全解释的现象和问题。为了解决这些问题，学者持续在资本结构领域进行深入研究，从而发展出了一系列新的理论，如优序融资理论、委托代理理论、财务合约理论和信号模型理论等。这些理论的发展和应用，被统称为新资本结构理论，它们进一步丰富和扩展了人们对公司融资决策的理解。

一、优序融资理论

优序融资理论的提出是为了解释公司在面临融资决策时的行为模式，尤其是在市场信息不对称的情况下。优序融资理论主要从以下三个主要角度解释公司的融资行为。

（一）信息不对称的影响

优序融资理论认为，信息不对称深刻影响着公司的融资决策。信息不对称是指公司内部管理者相对于外部投资者拥有关于公司未来前景的更多和更准确的信息。在这种情况下，公司在决定融资方式时，通常会首选内部融资，如利用留存收益，而不是寻求外部融资，如发行股票或债券。这主要是因为内部融资能够避免或减少由于信息不对称而产生的一系列问题和成本。

相比于内部融资，外部融资的局限性主要体现在以下三方面：

1. 外部融资可能导致不利的市场反应

由于外部投资者无法完全了解公司内部的情况，他们可能会对公司寻求外部资金持保留态度。例如，当公司发行新股时，外部投资者可能会解读为公司内部人士认为股票被高估，因此希望出售。这种市场解读可能导致股价下跌，从而对公司及其现有股东不利。

2. 寻求外部融资通常伴随更高的交易成本

这些成本包括银行和律师的费用、发行成本，以及与评级机构打交道的费用等。公司还需要考虑为了吸引外部资本而可能产生的额外成本，例如需要提供更多的财务透明度和披露信息，这些都可能增加公司的运营负担。

3. 外部融资还可能导致资金成本上升

由于外部投资者无法准确评估公司的风险，他们往往要求更高的回报来补偿这种不确定性。这意味着，相比于内部融资，公司通过外部融资获得资金的成本会更高。

（二）外部融资的偏好顺序

当公司的内部资金（如留存收益）不足以支持其业务活动或投资项目时，公司就需要寻求外部资金来源。在这种情况下，优序融资理论建议，公司通常会首先考虑债务融资，然后才是股权融资。

之所以优先考虑债务融资，原因在于它相对于股权融资而言通常具有更低的成本。债务融资中的信息不对称成本通常低于股权融资，因为债权人的回报主要取决于公司的偿债能力，而不是其未来的盈利能力。债权人与公司的利益冲突通常比股东要小，因为债务合同通常包含明确的利息支付和本金偿还安排，而股权投资则涉及对公司未来利润的分配。债务融资带来了财务风险，特别是当公司负债水平过高时。过多的债务可能导致财务困境的风险增加，包括流动性问题和破产风险。因此，当债务融资的成本变得过高或者不再可行时（例如由于公司已经有高水平的负债或市场条件不利），公司可能会转向股权融资。股权融资虽然没有固定的偿还义务，但可能会带来更高的信息不对称成本，因为股权投资者更关注公司长期的盈利能力，而这通常更难以准确评估。而且，股权融资可能导致公司现有股东权益的稀释。发行新股可能会降低 EPS 和股东对公司的控制权。因此，公司在选择股权融资前会仔细权衡其带来的潜在成本和影响。

（三）融资决策与公司特性的关联

优序融资理论强调，公司的特定属性会影响其融资决策。

成熟公司，通常具有稳定的营业收入和现金流量，这使它们能够更容易地通过债务融资来筹集资金。稳定的现金流量意味着这些公司能够可靠地满足定期的债务偿还要求，从而降低了破产的风险。因此，这些公司可以利用债务融资的税收优势，同时避免高昂的股权融资成本。由于它们的成长机会较低，这些公司可能不需要大量资金来投资新项目，这使债务融资成为更优的融资方式。高成长的初创公司面临的情况则截然不同。这些公司通常处在快速发展阶段，可能缺乏稳定和充足的内部现金流量来支持其运营和扩张。由于初创公司往往面临较高的业务风险和不确定性，这使债务融资的风险增加。高风险意味着更高的债务成本和破产的可能性，因此，这些公司可能会更倾向于使用股权融资，尽管这可能导致现有股东权益的稀释。股权融资不仅为这些公司提供了必要的资金以支持其快速成长，而且股权融资由于没有固定的偿还义务，从而降低了财务压力。

二、委托代理理论

委托代理理论深入分析了由于所有权与经营权分离带来的代理成本问题。

委托代理理论认为，代理成本的产生源于公司所有权（股东）和经营权（经营者）的分离。当所有权和经营权分离时，股东和经营者在追求各自利益最大化的过程中，目标可能产生偏离。股东为了确保经营者的行为符合自己的利益，可能会采取监督措施，例如监督经营者的决策过程，这就产生了监督成本。经营者可能需要用自己的财富作为为股东服务的担保，这就产生了担保成本。尽管有监督和担保机制，股东与经营者的目标仍可能无法完全一致，从而产生额外的剩余损失。因此，由于所有者不直接参与公司的经营，代理成本就是上述三项成本（即监督成本、担保成本和剩余损失）之和。

代理成本理论指出，这些成本的存在导致采用股权融资的公司实际市场价值低于理论市场价值。为减少代理成本、提高公司价值，债务融资似乎是一种有效途径，因为它可以减少自由现金流量，从而限制经营者的自由度。然而，债务融资也存在代理成本，尤其是在有限责任制下，经营者可能倾向于投资高风险项目，以提高公司价值。成功时，代理人获得全部收益；失败时，则通过破产将损失转嫁给债权人。因此，根据代理成本理论，公司理想的资本结构应当在股权融资的代理成本与债权融资的代理成本最小化的平衡点上，即两种融资方式的边际代理成本相等。这一理论揭示了完全股权或完全债权融资的无效性，阐明了合理的资本结构应该是股权和债权的合理组合。委托代理理论因此在公司资本结构的研究中占据了重要地位，为理解和设计有效的融资策略提供了新的视角。

三、财务合约理论

财务合约理论，作为代理成本理论的一个重要延伸，深入分析了如何通过精心设计的合约来解决由股东与债权人之间的利益冲突所产生的代理成本。

财务合约理论揭示了一种双赢的融资机制。一方面，通过举债，股东能够克服因资源限制而无法把握有益投资机会的难题，顺利获得所需资金。另一方面，债权人利用精心设计的财务合约来降低自身面临的财务风险。这种方法不仅为股东和债权人带来了共同的利益，而且通过减少因股东和债权人之间利益冲突产生的代理成本，促进了公司朝着财富最大化的目标发展。

该理论的内容主要有两个方面：财务合约的设计和最优财务合约的条件。

（一）财务合约的设计

财务合约的设计涉及如何通过特定条款来解决代理成本问题。例如，可转换条款、可赎回条款和优先条款等，都是常用来解决代理成本的策略。这些条款可以降低债权人的监督成本，并有利于股东从事营利性投资。通常，财务合约包含一系列限制性条款，这些条款可以分为普通条款、常规条款和特殊条款。普通条款通常关注债务人的流动性和偿还能力，常规条款强调资产的保全，而特殊条款则根据资金出让方的具体情况而定，没有统一的规定。这些条款能在信息不对称的条件下控制债务资本的风险，并保证债权人和股东的应得利益。

（二）最优财务合约的条件

最优财务合约的条件理论认为，由于财务合约能够部分解决债务的代理成本，因此最优财务合约应能为公司带来最大的利益。最优财务合约的条件是标准的财务合约，即要求公司在具有偿债能力时支付固定款项，否则公司将面临破产的风险。因此，财务合约要求公司管理层向债权人或投资者充分披露公司的真实状况。

财务合约理论为公司如何在股东与债权人之间建立有效的财务机制提供了理论基础。这些机制不仅有助于降低代理成本，还能促进公司价值的最大化。该理论的贡献在于，它将传统的资本结构问题转化为一个涉及信息不对称和代理成本的机制设计问题，为公司融资提供了全新的思考方式。通过合理设计财务合约，公司能够更好地管理内部代理问题，提升整体经济效率。

四、信号模型理论

新资本结构理论中的信号模型理论着重探讨了在信息不对称的市场环境下，公司如何通过特定的行为向市场传递关于其价值的信号，从而影响投资者的决策。这一理论基于的核心前提是市场上存在信息不对称，即公司内部人（如管理层）比外部投资者拥有更多关于公司的翔实信息。在这种背景下，内部人必须采取适当的行为，例如财务决策或政策变更，以向市场传递有关公司真实价值的信号。

信号模型理论的基本逻辑是，内部人通过特定的信号发出行为，可以减少信息不对称，帮助外部投资者更准确地评估公司价值。外部投资者通过观察这些信号，可以更好地理解公司的真实情况，并据此做出投资决策。这些信号包括负债比率、负债结构、内部人持股比例等。当外部投资者能够准确解读这些信号时，他们可以在资本市场上以更合理的价格进行竞争交易。

负债比率传递信号模型假设内部人对公司未来的收益和风险有内部信息，而外部投资者没有这些信息，但他们了解内部人的激励机制。在这种情况下，较高的负债比率被视为一个积极的信号，表明内部人对公司未来的盈利有较高预期。这是因为举债能够迫使内部人更加努力工作，也能让潜在的投资者对公司的价值前景更加有信心。因此，举债可以降低公司的融资成本，增加公司的市场价值。内部人持股比例传递信号模型认为，内部人作为风险规避者且财富有限，希望与外部投资者共同承担项目风险。他们之间尽管存在信息不对称问题，但仍然存在可信的交流机制。通过调整自己的股份比例，内部人可以将其作为传递信号的手段，因为市场会认为项目质量与内部人自己的所有权份额成正比。在均衡状态下，内部人的股份比例完全揭示了其对项目收益的信心程度：内部人持有的股份越多，表明其对项目价值的信心越高。

信号模型理论在资本结构的研究中具有重要作用。通过理解公司如何通过各种信号传达内部信息，投资者和市场分析师可以更好地评估公司的真实价值和潜在风险。这一理论强调了公司财务决策不仅是资金配置的问题，更是一种信息传递的机制。通过这种机制，公司能够在信息不对称的市场中有效地与外部投资者沟通和互动。

第五节　资本结构理论的评价和启示

一、资本结构理论的评价

资本结构理论从传统到现代的发展，凸显了资本结构决策在公司财务管理中的核心地位。这一理论深入探讨了资本结构与资本成本、公司价值之间的复杂联系，将资本结构的研究推向了一个更加科学的层面。因其在理解公司财务及金融行为方面的重要性，资本结构理论被广泛认为是现代财务与金融理论最具影响力的理论之一。

一是资本结构理论的核心假设，如市场完全性、无税环境、无破产成本等，在现实经济体系中很少成立。例如，市场摩擦、税收政策、破产成本、金融市场的不完全性等因素在实际运作中对公司的资本决策产生了显著影响，而这些因素在理论模型中往往被排除在外。资本结构理论往往基于对风险和回报的简化考量，忽略了公司内部的治理结构、管理层和股东之间的代理问题、市场情绪等多元复杂的影响因素。在实际操作中，这些因素可能导致理论预测和实际结果之间存在显著差异。因此，尽管资本结构理论为理解公司财务决策提供了基础框架，但公司在应用这些理论时，必须考虑到其假设的局限性和现实环境的复杂性。

二是资本结构理论是在西方特定的金融环境、资本市场和公司理财背景下发展起来的。在西方发达国家，金融资产，尤其是长期资产，在公司资产结构中占据重要位置，反映了公司筹资活动在很大程度上依赖资本市场的发展。资本市场的有效性和公司理财对市场变化的敏感性构成了财务管理理论的重要基础。然而，在发展中国家或金融市场不够成熟的国家，公司更多依赖内部融资或银行贷款，而非公开市场的资金。在这些环境下，资本结构理论的某些假设和结论不完全适用。不同国家和地区的监管框架、税收政策、市场准入条件等因素也对公司的资本结构决策产生影响。因此，理解资本结构理论在不同金融环境中的适用性和局限性，对于全面评价其理论价值和实践意义至关重要。

三是资本结构理论与财务管理的目标紧密相连。在西方财务管理领域中，公司价值最大化是公司治理最主要的目标，而资本成本的高低对于实现这一目标起着决定性作用。资本结构理论便在此背景下展开，探讨如何通过优化资本结构来降低加权平均资本成本，包括权益资本成本和债务资本成本。理论认为，一个公司只有在找到最适合自身特点的资本结构时，才能最大限度地降低资本成本，从而提升公司价值。这种观点强调了资本结构对公司财务性能的影响力，指出公司可以通过调整债务和权益的比例来达到成本最优化。例如，适当增加负债比率可以利用债务的税盾效应来降低公司的整体资本成本。然而，过高的债务水平也可能带来财务风险，包括破产风险和财务脆弱性。因此，资本结构理论不仅提供了一种财务决策的框架，也指出了公司在追求价值最大化时需要平衡的风险与回报。

四是资本结构理论虽然深入探讨了资本结构、资本成本与公司价值之间的关系，但这并非决定公司价值的唯一因素。公司价值的形成受到多种因素的影响，包括市场环境、公司战略、竞争地位等。市场环境的变化影响公司的盈利能力和成本结构；公司战略的选择决定了公司的发展方向和竞争优势；公司的竞争地位则直接影响其市场份额和盈利能力。因此，虽然资本结构的调整，特别是通过财务杠杆的运用，确实可以对公司价值产生重要影响，但将资本结构视为决定公司价值的唯一或主要因素是一种偏颇的理解。公司价值的形成是一个复杂的过程，涉及多个层面的因素。资本结构理论在这一过程中发挥着重要作用，但它只是众多影响因素中的一个。正确评价公司价值需要综合考虑资本结构以外的其他关键因素，包括公司内部的管理决策和外部环境的变化。

二、资本结构理论的启示

资本结构理论具有以下特点：

一是每种理论都有严格的、较多的假设条件。

二是最佳资本结构的判断标准是公司价值最大或者使公司资本成本最低的结构。资本结构研究要综合考虑资本结构对公司价值和资本成本的双重影响。

三是更多的人偏向存在最佳资本结构的观点。

四是资本结构的研究要注重理性分析，要考虑非量化的各种有关因素。

因此，研究资本结构理论对公司经营者和管理者有以下启示：

资本结构理论的研究基础在于一系列特定的假设前提，这对理论的应用和解释提出了重要的限制。在应用这些理论时，公司需谨慎考虑实际情境中的复杂性和多样性。例如，许多资本结构理论是在市场完全性、无税环境、无交易成本等理想假设下发展起来的，但在实际运作中，这些假设往往不成立。国内公司在应用这些理论时，必须考虑国内市场的特殊性。因此，选择更能接近我国经济和市场现实的假设，对于提高理论的实践指导意义至关重要。这不仅有助于深入理解资本结构理论，而且对于指导公司的实际财务决策具有重要意义。

　　尽管资本结构理论的有效性仍在不断的验证过程中，但大多数学者赞同最佳资本结构的客观存在，认为它是财务杠杆利益与财务风险之间的一种合理均衡。这一理论不仅为公司提供了追求目标的方向，也指出了达成这一目标的方法。在实践中，寻找最佳资本结构成为公司不断寻求债务与权益最优组合的过程，这个过程可能会持续不断，公司也许永远无法达到理论上的最佳状态。然而，这一探索和尝试过程本身对公司是有益的。它促使公司持续分析和改进其管理和运营策略，不断考量和调整其财务结构，以适应市场的变化和公司的发展需要。资本结构理论不仅指导公司了解理想的财务结构的具体内容，还提供了一个框架来评估和优化现有结构。这一理论指引公司在追求财务稳定性和成长机会之间寻找平衡，从而在不断变化的市场环境中保持竞争力。

　　资本结构理论的应用和理解对现代公司财务管理具有深远的影响，特别是在如何平衡货币的时间价值、风险与报酬机制，以及公司价值的决定因素方面。资本结构理论强调，在追求公司发展和规模扩张时，必须充分考虑风险因素，确保公司的财务健康和长期可持续发展。这启示公司在决策过程中需要综合考虑市场环境、内部管理能力和外部风险，以实现公司的稳健增长。

　　资本结构理论为我国公司提供了解决资金短缺问题的新思路。公司在筹资时，应根据资本结构理论，权衡成本、风险和回报之间的关系，努力找到债务与权益之间的最优组合。这不仅涉及何时筹资和如何筹资的问题，也涉及筹资比例的决定。在资本结构的选择上，公司应寻求在维持财务稳定性的同时，最大化公司价值。这要求公司管理者对不同融资方式的成本和风险有深刻理解，并能在实际操作中灵活运用这些理论。正确地应用资本结构理论，可以帮助公司降低综合资本成本，提高资金使用效率，最终实现公司价值的增长。在这个过程中，公司不仅要考虑财务指标，还要考虑市场条件、行业特性、公司自身的发展战略等因素，以达到资本结构的最优化。

　　资本结构理论提出的综合资金成本概念至关重要。根据资本结构理论，无论是通过哪种途径筹集资金，都会产生一定的成本。实际上，权益资本成本通常高于债务资本成本，因为股东对回报的期望通常高于债权人。股东的期望回报包括股价增值和可能的股利分配，这对于公司来说可能意味着更大的财务压力和风险。因此，公司在筹集资金时需要全面考虑不同融资方式的成本和风险，特别是在进行股权融资时，更应谨慎评估股权融资对公司财务和运营的长期影响。

资本结构理论的研究重点在于探讨如何通过筹资来增加资金（即增量优化），人们也需要注重对现有公司资本结构的存量优化。这意味着，国内公司不仅需要吸收和应用西方资本结构理论的研究成果，以便更有效地筹集新资金，还需要针对现有的资本结构进行优化，以解决资本结构不合理的问题。这种双重视角的应用是理解和利用资本结构理论的关键，可以帮助国内公司在快速变化的市场环境中保持竞争力，并实现长期可持续的发展。通过对资本结构的综合评估和优化，公司可以在增强财务稳定性和提升市场反应能力之间找到平衡，从而在复杂多变的经济环境中保持灵活和高效。

第六章　公司资本结构优化策略

第一节　资本结构优化的概念与目标

一、资本结构优化的概念

（一）资本结构的概念

资本结构是指各种不同来源的筹措资金在公司总资产中的构成比例，这一比例的高低通过资本成本和财务风险直接影响公司价值的高低。公司筹资方式有很多，但总的来看分为负债资本和权益资本两类，因此，资本结构问题总的来说是负债资本的比例问题，即负债在公司全部资本中所占的比重。

资本结构有广义和狭义之分。广义的资本结构是指公司全部资本价值的构成及其比例关系，它不仅包括长期资本，还包括短期资本。狭义的资本结构则指公司各种长期资本筹集来源的构成及其比例关系，尤其是指长期的债权资本与权益资本的构成及其比例关系。由于短期资本的需要量和筹集经常变化，且在整个资金总量中所占比重不稳定，因此短期资本一般不列入狭义的资本结构管理范围。本书所涉及的资本结构是指狭义的资本结构。

（二）资本结构优化的概念

资本结构优化是现代公司管理中的关键概念，是指公司通过合理配比负债和股东权益，以寻找理想的负债比率或负债与权益比率（即产权比率），使公司在可承受的风险条件下，实现公司资本总成本最低化和公司价值最大化。对资本结构优化概念的理解可以从以下三个方面展开。

一是最佳资本结构是财务杠杆利益与财务风险之间的均衡状态。在这种均衡状态下，公司可以通过调整负债比率，达到资本总成本最低和价值最大化的目标。这一均衡不仅关乎财务数据的平衡，还涉及对风险承受能力的综合考量。

二是最佳资本结构更多是一种理论上的结论，实际上一个公司可能永远无法达到这一理想状态。在努力寻求最佳资本结构的过程中，公司可以获得显著的利益。这一过程涉及对公司财务状况的持续分析和评估，以及对市场环境变化的敏感度。

三是在进行资本结构决策时，尽管公司可能无法达到最优状态，但通过不断优化资本结构，公司可以有效降低财务风险。这一过程有助于公司资本结构逐步接近最佳状态。

优化资本结构的过程要求公司管理者不仅关注财务指标的平衡，还要考虑市场变化、行业特性和公司战略等多方面因素，以确保在各种环境下都能做出最合适的财务决策。

二、资本结构优化的目标

资本结构优化总是围绕特定的财务目标展开，在财务理论和实践领域中，常见的优化目标包括股东财富最大化、公司价值最大化、经理利益最大化，以及其他利益相关者利益最大化等。选择哪一个作为优化目标，是资本结构优化理论探讨的重要问题之一。

（一）股东财富最大化

股东财富最大化作为公司资本结构优化的一个主要目标，是基于这样一个核心理念：公司是为其股东创造最大价值。这个目标不仅反映在股票价格的上升和稳定的股利分配上，还体现在公司长期发展战略和日常运营决策中。

实现股东财富最大化的一个关键方式是提高公司的盈利能力。盈利能力的增强直接提高了公司的市场价值，从而能使股票价格上升。盈利能力的提升可以通过多种方式实现，包括扩大市场份额、提高产品或服务的质量、优化成本结构，以及进入新的市场领域。这些措施能够提升公司的竞争力，增加公司的销售收入，从而使这些增加的收入最终转化为股东收益的增长。

另一个重要方式是通过适当的借贷策略来优化资本结构。合理的财务杠杆运用可以放大公司的盈利能力。借贷可以为公司提供额外的资金来进行投资和扩张，这些活动在成功的情况下可以为公司带来高于借贷成本的回报。然而，过高的债务水平会增加公司的财务风险，包括偿债压力和利息负担。因此，管理层需要精心设计债务策略，以便在增加盈利能力和控制风险之间找到平衡点。

股权融资也是使股东财富最大化的一个重要方式。股权融资相比于债务融资有其独特的优势，如不需要定期偿还本息。然而，股权融资可能导致股权稀释，影响现有股东的控制权和 EPS。因此，公司在决定股权融资的规模和时间时，需要综合考虑市场条件、公司的发展阶段，以及股东的期望。

（二）公司价值最大化

公司价值最大化是指通过公司财务上的合理经营，采用最优的财务政策，在充分考虑货币时间价值、风险价值和公司长期稳定发展的基础上，使公司的总价值达到最大。公司价值是指公司总资产的市场价值，包括有形资产和无形资产的市场评价，它反映了公司的潜在或预期获利能力。在将公司价值最大化作为资本结构优化的目标时，公司应考虑获得报酬的时间，运用货币时间价值原理进行评估。公司还应考虑报酬与风险的关系，其中报酬的大小与公司价值的大小成正比，而风险的高低与公司价值的大小成反比。这表明公司的财务决策不仅要追求短期的利益最大化，而且要注重长期稳定的发展和持续的盈利能力。

公司价值最大化强调在实现公司价值增长的同时，要满足各方利益相关者的需求。这不仅满足了投资者对公司的要求，也保证了债权人的利益，并尽可能使公司职工的利益得到最大满足。这一目标还有助于社会资源的合理配置，并促使管理层在追求公司目标的过程中克服短期行为，将个人目标与公司目标协调一致。在实践中，实现公司价值最大化要求公司管理层在资本结构优化时，平衡债务和股权的比例，以降低资本成本并最大化投资回报。这涉及对公司运营的持续改进、风险管理策略的制定，以及在财务决策中对长期发展目标的重视。通过这些措施，公司不仅能提高其短期的财务表现，更能在竞争激烈的市场中保持长期的稳定发展和盈利能力，从而实现公司价值的最大化。

（三）经理利益最大化

在财务理论界中，有许多人认为公司的经理是以经理利益最大化的目标来经营公司。这种目标模式被称为经理利益最大化模式。虽然经理可从公司取得薪水、奖金和非货币的利益（如精神上的奖励和社会地位的提高等），但这些利益毕竟是有限的，在大公司和成长的公司里，这些奖赏似乎更容易被掩盖。大部分股东财富最大化目标模式的倡导者认为经理是为销售、资产或公司成长率、经理利益最大化而努力。因此，这一目标模式主要考虑对管理目标的贡献，而对股东的利益考虑较少；而且这一目标隐含着过度投资或投资不足，甚至追求短期利润，尽量多保留利润少发股利，以致损害股东的利益的情况。另外，公司经理还倾向保持公司净资产价值的较低可接受界限和保持较低的负债率。这一模式正在改革之中，它最终将回归到有条件限制的股东财富最大化或公司总价值最大化。

（四）其他利益相关者利益最大化

资本结构优化的一个关键目标是实现其他利益相关者的利益最大化。这些利益相关者包括员工、客户、供应商、债权人、环境以及社区等。在这个视角下，公司不仅追求股东财富和公司价值的增长，还致力于在其业务活动中维护和增进这些相关者的利益。

员工作为公司的重要资产，其福祉对公司的长期经营成功至关重要。优化资本结构可以提高公司的经济稳定性和盈利能力，从而能够保障员工的就业安全、提供更好的工作环境、更有竞争力的薪酬福利，以及职业发展机会。此外，一个健康的财务状况使公司能够投资员工的培训和发展，从而提升整体的工作满意度和生产效率。资本结构优化能够实现公司稳定和成长，从而使公司能够确保产品和服务的质量、可靠性以及创新。这不仅增强了客户的信任和忠诚度，也有助于公司开拓新的市场和客户群体，从而创造更大的市场份额。供应商和债权人同样是公司重要的利益相关者。一个稳健的资本结构意味着公司能够维持良好的信用状况和支付能力，这对于维护与供应商的长期合作关系以及确保债权人的信任至关重要。稳定的合作关系有助于确保供应链的连续性和效率，对整个价值链的稳定运作起到支撑作用。公司在追求财务稳定和增长的同时，需要考虑其业务活动对社会和环境的影响。资本结构的优化使公司能够投资环境友好的技术和社会责任项目，从而减少对环境的负面影响，并在社区中树立积极的公司形象。

第二节　最优资本结构的影响因素

一、宏观因素

公司资本结构的优化过程受宏观经济环境的影响。宏观经济环境的变化，如利率、经济增长预期、通货膨胀因素、所得税因素、市场稳定性和风险以及政策和监管环境等，都直接影响着公司的资本成本、投资回报预期以及风险承受能力，进而影响公司对最优资本结构的选择。

（一）利率

利率环境的变化对公司资本结构产生的影响，主要是通过改变公司融资方式的偏好来实现的。资本结构，即公司债务和股权的组合，是公司为实现其财务目标而采取的关键战略之一。利率环境的变化直接影响债务融资的吸引力，进而影响公司在债务融资和股权融资之间的选择。

在低利率环境下，债务融资成本降低，使公司通过债务融资（如发行债券或银行贷款）筹集资金变得更加有吸引力。低利率降低了借款的成本，从而使公司可以以更低的利息支出获取资金。这通常导致公司更加倾向于使用债务融资而非股权融资，因为后者涉及股权的稀释。因此，在低利率环境下，公司的资本结构可能会倾向于更高的负债比率。相反，在高利率环境下，债务融资的成本升高，使这种融资方式变得不那么有利。高利率意味着公司需要更高的利息支出，这增加了公司的财务负担。在这种情况下，公司可能会减少对债务融资的依赖，转而寻求通过股权融资来筹集资金，尽管股权融资可能导致股权稀释。因此，在高利率环境下，公司可能会调整其资本结构，减少负债比率，增加股权融资的比率。

（二）经济增长预期

经济增长预期对公司资本结构的影响主要体现在其对公司未来收入和盈利能力的预测上。这种预期决定了公司对资金需求的判断，进而影响其选择债务融资或股权融资的偏好。

在经济增长预期强劲时，公司通常预计未来市场需求增长，收入和利润有望上升。这种积极的预期促使公司寻求更多的资金以支持其扩张计划，如投资新项目、增加生产能力、扩展市场份额。由于经济增长带来的盈利机会，公司可能更愿意通过债务融资来快速获得资金。债务融资提供了一种相对快速和直接的融资方式，使公司能够迅速反映市场机会。债务融资在盈利预期良好的情况下被视为一种成本效率较高的融资方式，因为相对于股权融资，它不会导致股权稀释。因此，在经济增长预期强劲时，公司可能会增加负债比率。当经济增长预期放缓或出现衰退时，公司的收入和盈利前景变得不那么明朗。在这种情况下，公司会对进行新的投资和扩张持谨慎态度。由于经济衰退导致收入下降和现金流量紧张，公司可能会减少债务融资，以避免高利息支出和偿债压力。在经济不确定性较高的环境中，维持稳健的资本结构成为公司的优先考虑。这意味着公司会增加股权融资的比率，或者依赖内部产生的现金流量，而不是通过增加外部债务来筹集资金。在实际经营中，公司需要根据经济环境的变化灵活调整其资本结构，以实现最佳的财务表现和长期稳定。

（三）通货膨胀因素

在高通货膨胀环境下，尽管债务的名义金额保持不变，但由于货币价值下降，实际还款金额相对减少。在这种情况下，债务融资变得更有吸引力，因为公司借入的资金的购买力在借入时高于未来还款时。因此，高通货膨胀环境促使公司倾向于增加债务融资，从而可能导致公司的资本结构中负债比率上升。相比之下，在低通货膨胀或通货紧缩环境中，货币的购买力保持稳定甚至增加。这时，偿还的债务在实际价值上可能不会减少，甚至会增加。在这种情况下，债务融资的吸引力降低，因为未来偿还的债务将不会受到通货膨胀的削减。因此，公司可能更倾向于增加股权融资比率，通过出售股份筹集资金，而不是通过增加债务筹集资金。

（四）所得税因素

所得税因素对公司资本结构的影响，主要体现在税收政策对债务和股权融资成本的不同影响上。所得税的存在使公司在选择资本结构时必须考虑税收的影响，尤其是债务融资的利息支出在多数税收制度中通常是税前扣除的，这对资本结构决策产生关键影响。

在存在所得税的情况下，债务融资的利息支出可以在计算公司应纳税所得前扣除。这意味着，公司的债务成本实际上降低了，因为利息支出减少了应税所得，进而降低了公司的税负。这个效应被称为利息税盾，即债务融资能够降低公司的有效税率，从而提高公司的净收入和股东价值。由于这个原因，当所得税率较高时，公司可能倾向于增加债务融资的比例，以利用利息税盾效应最大化其税后收益。债务的增加可以降低公司整体的资本成本，因为债务融资的成本在考虑税收抵扣后通常低于股权融资的成本。

（五）市场稳定性和风险

市场的稳定性和整体风险水平直接关系到公司资本结构的风险承受能力和融资偏好，从而影响公司债务与股权的平衡。

在市场不稳定或风险较高的情况下，公司面临的不确定性增加，这涉及收入波动、成本上升或市场需求的不稳定。在这种环境中，公司倾向于采取更保守的资本结构，即减少依赖债务融资，以降低因偿还债务所带来的财务压力和破产风险。债务融资虽然在成本上更有优势，但在市场波动和不确定的环境中，高债务水平会加剧公司的财务风险。因此，公司更倾向于使用股权融资或使用内部留存的利润，这些方式不会增加公司的固定财务负担。在市场环境稳定且风险水平较低的情况下，公司可能会采取更激进的融资策略。稳定的市场环境通常意味着预测性更强的收入流和成本结构，从而降低了公司的运营风险。在这种情况下，公司可能会增加债务融资比率，利用债务融资的成本优势来扩大运营规模或进行投资。

（六）政策和监管环境

政策和监管环境在宏观层面上对公司资本结构的影响不容忽视，通过制定和调整税收政策、资本要求及融资限制等方式，可以直接影响公司的融资决策和财务结构。

税收政策，尤其是对利息支出的税收抵免，对债务融资的吸引力较强。当政府允许公司将债务利息作为税前费用扣除时，债务融资的净成本降低，因为这种政策减少了公司的应纳税所得，从而降低了税负。这样的税收优惠使债务融资相比股权融资更具成本效益，因为股权融资的股利支付通常不享受税前扣除。因此，在此类税收政策下，公司更倾向于通过债务融资来筹集资金，从而在资本结构中形成较高的负债比率。监管环境也对公司的资本结构选择产生重要影响。监管机构可能针对特定行业设定特定的资本和融资要求，如银行和保险公司通常需遵守更严格的资本充足率要求。这些要求限制了这些公司可以通过债务融资获取的资金量，迫使它们保持较高比例的股权资本以满足监管标准。这种直接的监管干预使受监管行业的公司在资本结构上倾向于更高的股权比率，以避免违反监管规定。政策变化和政治不确定性影响公司的资本结构。政策的不确定性导致公司在做出长期融资决策时变得更加谨慎，公司倾向于维持更灵活的资本结构以应对潜在的政策变化。在政策稳定和预测性较强的环境中，公司更愿意进行长期的债务承诺。公司需要密切关注政策和监管动向，以适应不断变化的宏观环境，并据此调整其资本结构，以达到风险管理和成本效益的最优平衡。

二、微观因素

微观因素对公司资本结构优化存在着直接影响。影响公司资本结构优化的微观经济因素主要有以下几个方面：

（一）行业因素

不同行业所需的资本规模、资产流动性以及行业风险水平的不同导致不同行业的资本结构也不同。

1. 资本规模

不同行业所需的资本规模对公司资本结构产生显著影响。资本密集型行业，如重工业、能源和基础设施行业，通常需要巨额的初始投资来购买设备、建设工厂和开展运营。在这些行业中，公司往往更倾向于使用债务融资来满足这么大量的资金需求。而资本需求较低的行业，如服务业或软件行业，更多地依赖股权融资或内部留存的利润。这些行业由于不需要大量的初始投资，公司可以更灵活地调整自身的资本结构，同时避免因高债务水平而带来的财务风险。

2. 资产流动性

资产流动性也是影响公司资本结构决策的关键因素。资产流动性高的公司，如贸易和零售行业，通常拥有较多的现金和容易转换为现金的资产。这种高流动性的资产可以作为偿还债务的保障，降低高负债带来的风险。因此，资产流动性高的公司倾向于采用较高的负债比率，利用债务融资的成本优势，同时保持业务的灵活性。

3. 行业风险水平

行业风险水平对资本结构的选择有着直接影响。在高风险行业（如科技行业）中，由于该行业业务本身的不确定性和市场的波动性较大，该行业的公司面临较高的经营风险。在这种情况下，如果公司采用高比例的债务融资，将面临经营风险和财务风险的叠加，这会在市场下滑或业务失败时对公司造成重大打击。因此，高风险行业的公司倾向于选择较高比例的股权融资或内部留存利润来维持较低的债务水平，以避免财务风险的累积。

（二）资本成本和财务风险

资本成本直接影响公司融资来源的选择。理论上，公司倾向于选择成本最低的融资方式，以最大化其价值。在许多情况下，债务融资的成本低于股权融资，因为债务融资的利息支出通常是税前扣除的，而股权融资需要在利润分配后支付股利。因此，当考虑资本成本时，公司倾向于增加债务融资比例以降低整体资本成本。然而，随着债务融资的增加，财务风险也随之上升。财务风险主要体现在公司因为高负债而面临的偿债压力和破产风险。高债务水平意味着公司必须定期支付利息和本金，无论其经营状况如何。在收入不稳定或市场环境不利的情况下，高负债的公司面临流动性危机甚至破产风险。因此，公司在确定资本结构时，必须在降低资本成本和控制财务风险之间找到平衡。这通常涉及对不同融资方式的仔细评估，以及对市场环境和公司自身财务状况的深入分析。例如，现金流量稳定、盈利能力强的公司，能够承受较高的债务水平而不会增加过多的财务风险。相反，对于现金流量波动大或处于高风险行业的公司，过多的债务融资会导致公司严重的财务问题。

（三）经营风险

经营风险，即公司在日常运营过程中面临的风险，包括市场需求变化、竞争压力、生产成本波动等。公司面临的总风险通常包括经营风险和财务风险两部分。当一个公司的经营风险较高时，意味着其收入和利润可能波动较大。在这种情况下，增加财务风险（通过增加负债比率）可能导致公司的总风险升至不可接受的水平。高债务水平意味着公司需定期支付利息，无论其经营状况如何。对于经营风险高的公司来说，这可能在收入下降时造成严重的现金流量问题。因此，这类公司更倾向于维持较低的负债比率，以降低财务风险，确保在经营不顺时仍有足够的资金灵活应对。相反，如果一个公司的经营风险较低，例如其产品或服务的市场需求稳定，生产成本可预测，竞争环境相对稳定，那么该公司可以承担更高的财务风险。在这种情况下，公司可能会增加负债比率以利用债务融资的成本优势，例如通过降低资本成本来提高收益。低经营风险提供了稳定的现金流量，使公司更有能力应对与债务相关的定期利息支付。

（四）公司规模

大公司由于其规模和市场地位，往往能够实施多元化经营策略，这有助于分散经营风险。多元化意味着公司在多个市场或行业中运营，这种多元化的收入来源能够在某一市场或行业遇到困难时提供稳定性。因此，大公司的收益通常比小公司更稳定。这种收益的稳定性降低了经营风险，使大公司能够承担更高的财务风险，即采用更高的债务融资比例。纵向一体化也是大公司常见的策略，它通过整合供应链上下游来降低市场交易成本，提高效率。这种一体化不仅提升了大公司的市场控制力，还增加了收入和利润的稳定性。由于更稳定的经营状况，大公司的破产成本通常低于小公司，这使它们在财务决策中可以更加灵活，更倾向于使用债务融资。此外，大公司由于资本需求量大，往往不可能完全依靠股东资本来满足其资金需求。因此，它们倾向于通过债务融资来筹集所需的大额资金。大公司通常拥有较好的信誉和更强的财务实力，这使它们在获得贷款和发行债券时更有优势，能够以较低的成本获得债务融资。

相比之下，小公司在融资时可能面临更多的限制。由于规模较小，小公司的市场影响力有限，收入和利润的波动可能更大，这导致它们会面临更高的经营风险。因此，小公司在采用债务融资时更加谨慎，以避免高财务风险带来的破产威胁。此外，小公司在获得贷款和信用方面面临更大挑战，这限制了它们使用债务融资的能力。

（五）公司盈利能力

公司在融资时通常遵循一定的优先顺序：首先使用保留盈余，其次是债务融资，最后考虑股权融资。这种融资顺序反映了公司盈利能力对资本结构选择的影响。

高盈利的公司通常拥有较多的保留盈余，即未分配的利润。这些保留盈余是一种成本较低的融资来源，因为它们无须额外的融资成本，如支付利息或股利。因此，高盈利公司倾向于优先使用这些内部积累的资金来满足资本需求，如投资新项目、资产购置或扩张业务。这种依赖保留盈余的融资方式使这些公司能够保持较低的债务水平，从而降低了财务风险。当保留盈余不足以满足资本需求时，高盈利的公司可能考虑发行债券或获取贷款。由于这些公司通常盈利稳定，信用状况良好，它们能够以较低的成本获得债务融资。在这种情况下，即使增加了债务融资，由于盈利能力强，这些公司仍能有效管理债务负担，保持财务稳定。

相反，低盈利的公司面临较少的保留盈余，因此不得不依赖外部融资，尤其是债务融资。这些公司由于盈利能力较弱，难以以有利的条件获得股权融资，因为投资者可能对其盈利前景持保留态度。因此，这些公司不得不以较高的成本借入资金，从而增加了负债比率。较高的债务水平意味着增加的财务负担，特别是在盈利不稳定的情况下，这会加剧公司的财务风险。在一些情况下，因为债务融资可能伴随着较高的利息支出，所以盈利能力较弱的公司会面临较高的融资成本和财务压力。在这种情况下，公司需要在融资成本和财务风险之间寻找平衡，有时甚至需要重新评估其业务模式和成本结构，以提高盈利能力。

（六）公司成长能力

高成长性公司通常特指那些拥有快速增长潜力的公司，这些公司通常处于新兴行业，或者公司正在推出创新产品和服务。高成长性公司的经营风险相对较小，并且通常面临着大规模的资金需求以支持其快速发展。

高成长性公司由于其成长潜力，通常会使其未来收入和利润显著增长。这种稳定和积极的财务前景使这些公司可以采用较高的负债比率进行融资。即使这些公司采用高比例的债务融资，预期的收入增长也足以覆盖债务所带来的额外财务负担。因此，高成长性公司往往能承担更多的财务风险，因为它们未来的盈利能够弥补这些风险。

高成长性公司通常需要大量资金来支持其快速发展。在这种情况下，仅依靠原有的权益资本往往难以满足资金需求。而增发新股来筹集资本可能会导致原有股东的股权稀释，而不受控股股东的欢迎，特别是当他们担心失去对公司控制权时。因此，对于高成长性公司而言，发行债券或通过其他债务融资方式融资成为一种更合适的融资选择。这样做不仅能满足高成长性公司对大规模资金的需求，而且避免了股权稀释的问题。

高成长性公司的市场价值通常高于其账面价值，这意味着这些公司在资本市场上享有较高的估值。这种高估值为这些公司提供了利用债务融资的机会，因为债务融资在不稀释股权的同时，能够使公司充分利用其高市场估值。

三、我国财务理论中最优资本结构的影响因素

我国对资本结构的影响因素的研究主要集中于国有公司负债过度的原因探索上。阎达五和耿建新教授指出，国有公司过度负债的主要原因是国有公司的经营效率不高，经济效益较差。[①] 另外，陆正飞教授的研究发现，在中国，国有公司的负债率普遍偏高，并呈现以下特点：负债率与公司的规模成反比关系；负债率与收益率呈负相关；负债率与公司的所有制结构及其组织形式有一定的相关性。[②]

---

① 阎达五，耿建新．论国有企业过度负债的成因与对策［J］．会计研究，1996（8）：11-15.

② 陆正飞．企业适度负债的理论分析与实证研究［J］．经济研究，1996（2）：52-58.

我国国有公司资本结构的形成是一个包含多种因素的复杂过程。它不仅受到了计划经济时期的宏观经济政策的影响，还受到了随后的经济体制改革，以及当前市场经济条件下各种因素的影响。

（一）国有公司资本供应政策

国有公司资本供应政策通常与政府的宏观经济目标和政策取向紧密相关。在计划经济时期，国有公司的资本供应主要依赖政府的直接分配，这导致了国有公司在资本获得方式上高度依赖政府。由于政府作为主要的资本供应方，国有公司的资本结构往往呈现高比例的政府补助或低成本的国家贷款，使这些公司在资本结构上较少依赖市场融资，如发行股票或债券。随着经济体制改革，国有公司开始逐渐面临市场化的资本供应环境。这种转变要求国有公司在资本结构上逐步减少对政府的直接依赖，转而更多地依赖市场化的融资渠道。在这个过程中，国有公司的资本结构开始出现变化，例如通过发行股票或债券在资本市场上筹集资金。然而，政府的资本供应政策仍然对这些公司的资本结构选择产生重要影响，尤其是在决定融资成本和资本配置效率上。

政府的资本供应政策对国有公司的财务风险承担能力产生重要影响，特别是在融资成本和信用评级方面。由于政府通常被视为国有公司的最终支持者，这为这些公司获得融资提供了隐性担保。因此，国有公司在筹资时通常能享受到较低的借贷成本和较高的信用评级。这种优势来源于市场对政府将在必要时提供支持的预期，减少了债权人对国有公司违约风险的担忧。在这种背景下，国有公司更倾向于利用债务融资来筹集资金，而不是通过发行股票。因为相比于股权融资，债务融资的直接成本，如利息支出，通常更低，这对于公司来说是一种更有效的资本成本管理方式。由于债务融资不涉及股权稀释，它对现有股东的控制权不会产生直接影响，这对于政府和公司管理层来说也是一个重要的考量因素。然而，这种倾向于高比例的债务融资策略也带来了一定的风险。国有公司虽然可能因政府背书而获得更低的融资成本，但过度依赖债务融资可以导致财务杠杆过高，增加了公司的财务风险。

在经济下行或经营效率下降的情况下，高债务水平给公司的现金流量和盈利能力带来压力，增加破产的风险。因此，国有公司在利用政府背书带来的融资优势时，也需要谨慎考虑债务水平和财务稳定性之间的平衡。

（二）国有公司的税收和利润分配政策

税收政策对国有公司的资本成本和融资选择产生直接影响。特定的税收优惠或负担会影响国有公司融资决策的成本效益分析。例如，如果债务利息支出能够从税收中扣除，这将降低债务融资的实际成本，使债务融资相对于股权融资更具吸引力。这种税收优势促使国有公司倾向于通过债务融资筹集资金，从而在其资本结构中形成较高的负债比率。利润分配政策也对国有公司的资本结构产生影响。国有公司的利润分配通常受到政府政策的影响，这可能包括对利润再投资的限制或要求。当政府要求国有公司将较大比例的利润上缴国库或用于特定的社会或政治目的时，这些公司在内部融资方面受限，因而不能充分利用保留盈余来满足其资本需求。在这种情况下，国有公司更多地依赖外部融资，如发行债券或银行贷款，以弥补内部融资的不足。

（三）国有公司的治理结构

国有公司的治理结构的特征之一是政府在公司治理中占有重要地位。政府作为国有公司的主要股东，其政策导向和目标往往直接影响公司的战略决策，包括资本结构的选择。政府的政策目标更倾向于社会和经济发展而非单纯的财务回报，这导致国有公司在进行融资决策时考虑的因素更为多元，比如支持国家重大项目或实现就业目标。这种多元目标促使国有公司采取不同于纯市场驱动公司的资本结构，例如国有公司倾向于使用更多的债务融资以支持大规模的国家项目。国有公司的管理层面临来自政府的干预，这会影响其独立性和决策效率。管理层在进行资本结构决策时需要考虑政府的意愿和政策方向，这导致资本结构选择与市场条件或公司内部财务状况不完全一致。例如，政府鼓励公司采用债务融资以促进公共项目的实施，即使这可能增加公司的财务风险。国有公司的内部控制和监督系统同样对资本结构产生影响。有效的内部控制和监督机制能够提高公司的财务透明度和管理效率，从而支持更加理性和有效的资本结构决策。然而，若国有公司的内部控制和监督机制不健全，这会导致资源的低效配置和公司的风险管理不足，影响公司的资本结构选择，例如导致过度债务或投资效率低下。国有公司的治理结构还影响其对市场变化的反应能力和适应性。在市场环境快速变化的情况下，治理结构有效的国有公司能够更快地调整其资本结构以适应市场变化，例如通过调整债务和股权比率来优化资本成本和风险。治理结构不健全的国有公司在市场适应上存在滞后，这导致资本结构与市场和公司实际状况不匹配。

第三节　最优资本结构的决策方法

公司的最优资本结构决策，也就是如何运用实际工具分析从而确定公司的最优负债比率。公司的最优资本结构是在公司日常筹资决策中实现的，只有在每个筹资决策之前均考虑筹资方案对公司收益和风险的影响，选择最佳筹资方案，才能实现资本结构的优化。本节介绍公司最优资本结构决策的具体分析方法。

一、经营收入方法

（一）经营收入方法的分析步骤

经营收入方法是确定公司负债能力最为简单的一种方法，也是确定公司负债政策的最为直观的一种方法。这种方法的核心思想是，公司应该根据自己的经营收入和现金流量来决定其债务承担能力。具体来说，它包括以下几个重要步骤：

一是公司管理层应对公司产生经营收入能力的深入评估。这一评估以公司当前的经营状况和历史记录为基础，旨在预测公司未来的经营收入分布及其发生的概率。这一过程要求公司对市场趋势、自身的竞争优势、成本结构，以及潜在的市场风险进行全面分析。评估结果的准确性直接影响公司对未来收入的预测，从而影响债务策略的制定。这一步骤要求公司使用先进的预测技术和财务模型，考虑各种内外部因素如市场需求变化、行业竞争、宏观经济环境等，从而得出一个全面且客观的预期经营收入分布。这一过程是极其重要的，因为它为公司提供了一个实际的经营框架，以便在此基础上制定合理的负债策略。

二是公司管理层应考虑时间因素对债务本金和利息支付的影响。公司在决定负债水平时，必须考虑未来现金流量的时间价值。这意味着，即使公司预计在未来会有稳定的收入，也必须考虑这些收入在不同时间点的价值。为此，公司需要进行贴现现金流量分析，估算未来收入的现值，以及确定这些收入能否足以覆盖债务的本金和利息支付。这一步骤的关键在于合理预测未来现金流量，并将其与债务支付责任相匹配。公司必须确保即使在市场不利的条件下，仍有足够的现金流量来满足债务义务。公司还需要考虑利率变化、通货膨胀等宏观经济因素对其财务计划的影响。

三是公司管理层应确定公司在未来经营收入水平和负债本息支付的前提下，无法偿还债务的可能性。这一步骤要求公司进行风险评估，分析在不同的经营场景下，其偿还债务的能力。公司需要构建不同的经营场景，包括最佳、最差和最可能的场景，并评估在这些不同场景下的财务表现。这一分析不仅涉及经营收入的波动，还包括成本结构的变化、市场需求的不确定性，以及其他可能影响公司偿债能力的因素。公司通过这种方式可以评估其在面对不同经营挑战时保持财务稳健的能力，并据此决定合理的债务水平。

四是公司管理层应对无法偿还债务的概率做出限制。这一步骤体现了公司管理层在风险管理中的角色和态度。公司管理层需要设定一个违约概率的上限，这一上限反映了公司管理层对风险的容忍度。保守的公司管理层可能会设定较低的违约概率上限，以保障公司在面临不利情况时的安全边际。这一决策过程中，公司管理层需要权衡公司的成长目标和风险承受能力，确保负债水平既能支持公司的发展，又不会过度增加财务风险。公司管理层需要考虑股东的期望和市场对公司财务稳定性的要求，从而在增长和稳定之间找到平衡。

五是公司管理层应将特定负债水平下的违约概率与公司设定的违约概率进行比较，并据此调整负债水平。在这一步骤中，公司将先前分析得到的违约概率与公司管理层设定的上限进行对比。如果分析结果显示的违约概率高于管理层的上限，公司应考虑降低其负债水平，以降低财务风险。相反，如果分析结果显示的违约概率低于管理层的上限，公司则可以考虑增加负债，以支持其成长和扩张计划。这一步骤的关键在于找到公司风险承受能力和成长目标之间的平衡点。通过这种方式，公司可以在保障财务安全的同时，有效利用负债作为资本的一部分来支持其业务发展。

（二）经营收入方法的优势

经营收入方法具有实际性和直观性。经营收入方法直接依赖公司的经营收入和现金流量，从而使负债决策紧密结合公司的实际运营情况。由于负债水平是基于可预见的收入和现金流量来确定的，公司能够更加清晰地理解其债务承担能力，并据此做出更为合理的融资决策。这种方法避免了过分复杂的理论模型，使管理层可以更容易地理解和执行负债策略。经营收入方法强调了风险控制。通过评估公司的经营收入和现金流量，管理层可以有效地识别和管理与负债相关的风险。这种方法特别适用于那些寻求稳定成长而非高风险高回报策略的公司。通过预测收入和评估偿债能力，公司能够避免过度负债并维持财务稳定。经营收入方法允许公司根据其特定情况调整负债策略。不同行业和不同阶段的公司可以根据其经营收入的稳定性和预测性来决定其债务水平。这种灵活性使公司能够在不同的经济环境和市场条件下适应变化，确保公司的负债策略与长期目标和市场现实相匹配。

二、EBIT-EPS 分析方法

EBIT-EPS 分析方法是西方财务学中用以分析筹资方式决策中较常用的一种方法。它以追求公司 EPS 最优为目的，综合考虑负债资本成本、税收作用、公司市场状况等，确定公司的最佳资本结构。

该方法假设：公司的债务增加引起公司风险的增加，因而债务资本成本和权益资本成本的变化可不予考虑，公司只要每股盈余增加，就会实现价值最大。

（一）EBIT-EPS 分析方法的基本步骤

1. 计算不同负债水平下的 EBIT

公司首先需要评估不同负债水平对其 EBIT 的影响。这个过程涉及对公司在不同融资方案下的盈利能力进行预测，包括考虑借款、发行债券或其他形式的负债。在这一步骤中，公司需要深入分析债务融资的成本，如利息支出，以及这些成本如何影响其整体盈利能力。这一分析不仅涉及计算债务融资的直接成本（即利息），还要考虑这种融资方式对公司运营效率、税负，以及现金流量的影响。公司还需评估不同资本结构下的潜在风险，如市场利率变动、债务偿还能力变化等。这一步骤要求公司利用历史数据、市场研究以及财务预测，以确保分析的准确性和可靠性。正确的 EBIT 评估是进行有效 EBIT-EPS 分析的关键，因为它直接影响到后续的 EPS 计算和整体的资本结构决策。

2. 计算 EPS

EPS 是衡量公司盈利能力的关键指标，表示公司每股股票的盈利。在这一步骤中，公司需要考虑利息费用对税后利润的影响。利息费用减少了公司的应税收入，从而影响税后利润。如果融资方案包括发行新股，则公司还需要考虑股本的增加对 EPS 的稀释效应。计算 EPS 时，公司需将净利润（即税后利润减去利息费用）除以总股数。在这一过程中，公司需要仔细评估不同融资选择对股东权益的影响，包括债务融资带来的利息费用和股权融资可能导致的股本增加。这种细致的 EPS 计算可以帮助公司理解不同融资方案对股东价值的具体影响，并为接下来的决策提供关键信息。

3. 分析 EBIT 与 EPS 的关系

在这一步骤中，公司需要对比不同负债水平下的 EBIT 和 EPS，以确定最能增加股东价值的资本结构。这通常通过绘制 EBIT-EPS 图表来完成，这个图表直观地展示了不同负债水平对 EPS 的影响。在这种分析中，公司需要寻找使 EPS 最大化的 EBIT 点。这个点表示了最优的债务水平，因为它能带来 EPS 的最大值。这一步是评估不同资本结构对公司盈利能力影响的核心，它涉及对公司财务灵活性、负债成本以及股权成本的全面考量。公司还需考虑财务杠杆效应，即债务水平对公司盈利能力的放大作用。通过这种综合分析，公司能够更好地理解不同融资选择对其长期盈利能力和股东价值的影响。

4. 做出决策

最后一步是基于以上分析，选择最优的资本结构。这种决策旨在找到一个平衡点，该点在风险和回报之间提供了最佳组合，从而最大化股东价值。在这个阶段，管理层需要综合考虑公司的财务状况、市场条件、行业特性以及未来的增长潜力。决策时，管理层需考虑债务融资可能带来的风险，如利率变化、偿债能力和公司信誉等。管理层还需要评估不同资本结构对公司的其他方面，如流动性、财务灵活性以及长期成长潜力的影响。通过这种全面的考量，公司可以确定一个既能支持其业务战略又能最大化股东利益的最优资本结构。这种结构应该使公司能够在竞争激烈的市场环境中保持稳定增长，同时控制风险在可接受的范围内。

（二）EBIT-EPS 分析方法优点

1. 提供量化的决策依据

EBIT-EPS 分析方法的一个显著优势是提供了一个清晰、量化的决策框架，允许管理层以数值形式直接评估不同融资选择对股东价值的影响。通过比较不同资本结构下的 EPS，公司能够确定最能增加股东利益的结构。这种量化方法有助于简化决策过程，使之变得更加客观和明确。它使管理层能够基于具体的财务数据进行分析，而不是仅依赖定性的判断或模糊的估计。这种方法特别适用于评估不同的融资策略，例如选择债务融资还是股权融资，以及确定债务和股权的合适比例，从而确保最大化股东价值。

2. 易于理解和应用

EBIT 和 EPS 都是财务报表中的常见指标，大多数管理层和财务分析师都非常熟悉。这使 EBIT-EPS 分析方法易于理解和实施。即使是没有深厚财务背景的管理人员也能够理解这两个指标的基本概念和它们对公司财务健康的影响。这种方法的通用性使其可以广泛应用于不同规模和类型的公司，不论是大型跨国公司还是中小公司。这种普遍的适用性和易理解性使 EBIT-EPS 分析方法成为评估不同融资策略影响的一个重要工具。

三、资本成本方法

直观地来说，资本成本是资本结构中不同组成部分的成本的加权平均值，包括各种负债和权益，这些筹资方式被公司用来满足自己的资金需要，通过改变资本结构的不同组成部分的权数，公司就能改变它的资本成本。

资本成本方法是在公司不同资本结构下测算公司价值的变动，进而测算出公司价值最大化时的资本结构，并以此作为公司筹资决策的目标。因此，资本成本方法需要解决不同负债比率下公司负债和权益的资本成本上升的问题。

负债的资本成本可以通过评估公司在不同负债比率下的信用等级来确定。信用等级反映了公司偿还债务的能力和信誉，进而影响公司债务的利率水平。不同的负债比率可能导致公司信用等级的变化，从而影响债务资本成本。权益资本成本的计算则更加复杂。首先，人们需要考察公司股票在历史上在不同负债比率时的 β 值（反映股票相对于整个市场的风险）。β 值是资本资产定价模型中的关键参数，用于计算股票的必要投资报酬率，即权益资本成本。在确定了 β 值之后，人们可以使用资本资产定价模型计算出公司股票的必要投资报酬率。计算出债务资本成本和股票必要投资报酬率后，公司可以使用这些数据来估算其股票市场价格。通常，这是通过将税后利润除以股票必要投资报酬率来完成的。人们将股票市场价格加上债务金额，即可得出公司的总价值。

四、投资回报差别方法

在确定最优资本结构方法的讨论中，公司还可以利用股权收益率（Return On Equity，ROE）和成本来对权益和负债进行权衡。股权收益率可被看作是资产收益率（Return On Assets，ROA）和负债的税后成本之和。即

$$ROE = \frac{ROA + D}{E[ROA - i(1-t)]} \tag{6-1}$$

式中，ROE 是指股权收益率，ROA 是指资本收益率，D 为公司负债，E 是指公司权益，i 是指负债的利率，t 是指税率。资本收益率被定义为公司的息税前收益与资本的账面价值之比。即：

$$ROA = 息税前收益 \times \frac{1-税率}{权益+负债} \tag{6-2}$$

如果资本收益率大于负债的税后成本，那么随着杠杆作用的增加，股权收益率也会随之而增加。这就是负债所带来的收益。

投资回报差别方法能够直观展示财务杠杆（债务）对公司收益的影响。这种方法通过比较股权收益率与权益成本之间的差额，有效地揭示了权益杠杆作用的效果。当公司通过增加债务来加大杠杆作用时，如果所投资的项目能够产生高于债务成本的回报，这将增加股权收益率，并进一步扩大股权收益率与权益成本之间的差距。在这种情况下，借入负债对公司是有利的，因为它有助于放大公司的盈利能力和股东价值。在实际应用中，这种方法使管理层能够更清楚地看到利用债务融资的直接益处，特别是在利率较低的环境中。债务融资的低成本相比股权融资可以显著降低公司的平均资本成本，从而提高公司的净投资回报。这种方法还促使公司关注投资项目的营利性，鼓励对投资回报进行细致的分析和预测，以确保投资的盈利能力。

五、现值调整方法

在现值调整方法中，以无负债公司的价值为起点，然后与杠杆作用的价值（或正或负）相加，从而使公司的价值与杠杆作用联系起来。具体说来，当负债的主要收益为税收收益时，并且负债的主要成本为破产风险时，杠杆

作用的公司价值可用公式（6-3）计算。

杠杆作用的公司价值＝无负债的公司价值＋负债的税收利益的现值－预期破产成本的现值　　　　　　　　　　　　　　　　　　　　（6-3）

这种方法是通过将负债的税收利益的现值与无负债的公司价值相加后，再减去预期破产成本的现值，从而确定不同的负债水平下的公司价值，使公司价值最大化的负债比率就是公司的最佳资本结构。

现值调整方法的分析步骤如下：

（一）确立无负债公司的价值

在这一步骤中，计算的核心是估算没有负债的公司价值，这通常通过对无负债公司的税后经营现金流量进行贴现来实现。具体而言，公司需要预测公司未来的现金流量，并考虑这些现金流量的稳定增长率。通过使用适当的贴现率（通常是公司的加权平均资本成本），公司可以将未来的现金流量转换为当前的价值，从而得出无负债状态下公司的价值。在公司的经营现金流量以一个稳定的增长率增长时，无负债公司的价值可按公式（6-4）计算。

$$无负债公司的价值 = \frac{FCFF_O(1+g)}{P_u - g} \qquad (6-4)$$

式中，$FCFF_O$为公司当前的税后经营现金流量，P_u为无负债情况下的权益成本，g为预期增长率。

这个公式中的未知量为公司当前的税后经营现金流量、预期增长率和无负债情况下的权益成本，为了确定无负债情况下的权益成本，人们可以运用公司的无负债β系数计算得到。无负债β系数的计算公式为

$$无负债\beta系数 = \frac{当前的\beta系数}{1+(1-t)D/E} \qquad (6-5)$$

式中，t为公司的税率，$\dfrac{D}{E}$为公司当前的负债权益比。

（二）计算预期的负债税收利益

负债带来的税收利益通常被视为公司税率的函数，并且需要用特定的贴

现率进行贴现以反映公司现金流量的风险。这种贴现反映了负债带来的税收优势对公司价值的真实贡献。如果公司负债的税收利益是永久性的，其价值可以根据公式（6-6）确定。

$$负债税收利益的现值 = \frac{税率 \times 负债成本 \times 负债}{负债成本} = 税率 \times 负债 = t_c D \quad （6\text{-}6）$$

税率是指公司的边际税率，无论它怎样变动，该公式都是成立的。

（三）确定预期的破产成本

在这一阶段，人们需要评估在特定负债水平下公司的违约风险和预期破产成本。这包括估算在特定负债水平下的破产概率，以及直接和间接的破产成本。破产成本的现值结合破产概率可以用来计算预期的破产成本的现值，具体计算公式为

$$预期破产成本的现值 = a \cdot BC \quad （6\text{-}7）$$

式中，BC 为破产成本的现值，a 为结合破产概率，下同。

（四）评估负债增加的净效应

最后一步将对负债增加的净效应进行评估。这一步骤的目的是确定在考虑了负债的正面和负面影响之后，负债对公司价值的总体影响。这种成本－收益分析能够帮助公司确定其最佳的负债水平，即在税收优势最大化和破产风险最小化之间找到平衡点。负债增加的净效应可以通过负债的成本收益分析计算得出。

$$具有杠杆作用的公司价值 = \frac{FCFF_O(1+g)}{(P_u - g) + t_c D - a \cdot BC} \quad （6\text{-}8）$$

使公司价值达到最大化的负债比率为最优的负债比率。

现值调整方法具有灵活性和细致性。与传统的资本成本方法相比，这种方法不假设负债比率是永久不变的。相反，它通过保持负债的货币价值不变，允许对不同的负债因素使用不同的贴现率来计算负债的成本和收益。这种方法的灵活性体现在它能够适应负债比率的变化，并允许对不同类型的负

债（如长期贷款、短期信贷或债券）进行更加精确的评估。这种分解和细化的方法提供了更加准确和个性化的公司价值估算，使公司能够根据具体情况优化其资本结构。此外，现值调整方法允许公司更加深入地分析负债的不同影响，如税收优势和破产风险。通过将这些因素分解并单独评估，公司能够更全面地理解负债对公司价值的综合影响。这种方法特别适用于财务状况复杂、各类负债形式多样的大型公司。

第四节　公司资本结构优化的具体策略

在通过上述方法测算出公司的最佳资本结构后，公司便获得了一个明确的指导方向，以调整其现有资本结构，使之更接近理想状态。本节介绍公司资本结构优化的策略与过程。

一、选择资本结构优化策略时应考虑的因素

当公司未达到其最佳资本结构，即实际负债比率未达到理想状态时，公司会面临着多种选择。如果公司决定优化其资本结构，它需要决定是迅速还是渐进地调整负债比率。这种决定受到外部因素的影响，如股东的期望或债券评级机构的评估。迅速调整可以使公司快速获益，如降低资本成本和提升公司价值，但可能导致经营环境的显著变化和增加风险。渐进调整则允许公司在调整过程中更灵活地应对市场和运营的变化，但延迟获得资本结构优化的好处。公司在优化资本结构的过程中可以选择通过采纳新的投资项目来调整，或者在现有投资项目的基础上进行调整。新项目可以提供增加债务或股本的机会，而对现有项目的调整涉及重组负债或调整股本结构。如果公司选择保持现有的非最优资本结构不变，则会导致潜在的价值损失。公司经理人员在做出这种决策时，会感受到来自股东的压力，尤其是在负债程度过低时。相反，如果负债程度过高，公司则面临破产的威胁。这些压力和威胁促使公司经理人员对公司的资本结构进行优化以达到最佳状态。

公司在选择资本结构优化策略时应考虑自身特点，不同公司的情况不

同，因此选择适合自身的资本结构优化策略至关重要。

（一）杠杆作用过低的公司

杠杆作用过低的公司在优化其资本结构时需要考虑多个因素，以决定其调整策略是采取迅速调整还是渐进调整。

1. 最优负债比率的确定性

当公司对其最优负债比率存在不确定性时，公司通常会倾向于采取渐进式的方法来调整其资本结构。这种不确定性源于多种因素，包括对市场条件的变化、内部运营效率的波动或未来收益预测的不确定性。在这种情况下，公司会选择逐步增加或减少负债，而不是一次性进行大幅度的调整。这允许公司在调整过程中收集更多信息，并根据市场和内部运营的反馈来优化公司负债水平。例如，公司可以先小幅增加负债，观察这一变化对其运营、财务表现以及市场评价的影响，然后再根据这些反馈调整其负债策略。这种渐进式调整有助于降低由于财务结构过快变化带来的风险，也为公司提供了更大的灵活性来适应不断变化的市场环境。

2. 与其他同类公司的可比性

当一个公司的最优负债比率与其同行业内其他公司显著不同时，公司通常不会迅速调整其资本结构。在这种情况下，快速调整资本结构会引起市场分析师和信用评级机构的关注或质疑。他们会怀疑这种突然的变化是否基于可靠的财务规划和市场分析，或者是否反映了公司内部存在的更深层次的问题。因此，为了避免潜在的负面市场反应，公司会选择更为审慎和渐进的方式来调整其资本结构。这种策略可以使公司在调整过程中更好地与市场分析师沟通其决策逻辑和未来计划，从而减少市场分析师对公司财务稳定性和可持续增长能力的疑虑。这种策略为公司提供了空间来评估行业趋势和竞争对手的策略，确保其资本结构调整既符合行业标准，又能满足自身的特殊需求。

3. 被接管的可能性

杠杆作用过低的公司通常更容易成为并购的目标，尤其是当它们没有充分利用债务融资能力时。如果公司面临较高的被接管风险，它们可能会选择迅速增加债务，以减少被并购的可能性。这种策略的背后逻辑是通过增加负债来提升公司的整体市值，使其成为不太吸引并购者的目标。这意味着公司必须能够有效管理新增加的负债，并确保不会因此增加破产的风险。增加负债的策略可以通过多种方式实施，如发行债券、获取银行贷款或其他形式的债务融资。这些新增加的资金可以用于多种用途，例如投资新项目、回购股票或支付股利，这些举措都有助于提升公司的股价和股东价值。

4. 筹资空缺的需要

筹资空缺是指公司所选择的负债比率和公司的实际能够承担的负债比率之间的差别。当前者小于后者时，公司便存在筹资空缺。在某些情况下，公司需要筹资空缺来满足自己意外的资金需要，比如使目前的投资项目持续下去或者采纳新的投资项目。需要并重视筹资空缺的公司一般不太可能迅速地进行负债比率的调整以达到最优，也不会充分地利用它的举债能力。

（二）杠杆作用过高的公司

杠杆作用过高的公司在进行资本结构调整时会考虑上述的一些因素。不过，杠杆作用过高的公司需要考虑的另外一个重要的因素便是破产的可能性。由于负债过多将带来较大的风险，负债过多将会导致较高的负债利率和较低的债券等级，因此公司的破产风险越大，公司便会越迅速地减少负债以达到最优的负债比率。

二、不同类型的公司进行资本结构优化的策略

（一）需要迅速提高杠杆作用的公司

当公司需要迅速提高杠杆作用以优化资本结构时，具体操作过程如下：

1. 借入资金用于回购股票或支付特别股利

通过借入资金，公司可以增加其负债比率，同时通过回购股票或支付股利减少权益部分，从而提高财务杠杆。这种策略直接影响公司的资本结构，因为它减少了股东权益的比例，同时增加了负债比率。这种策略常被公司用于防止恶意并购的手段，因为较高的负债水平会使公司对于潜在的并购者来说更加昂贵和复杂。这意味着公司需要能够管理和服务新增的债务，确保债务水平在公司的偿债能力范围内。

2. 负债权益转换

公司通过用相同市场价值的负债来替代权益，从而提高负债比率。这通常涉及向股东提供一定比例的现金和债务组合作为股利，从而在减少股东权益的同时增加负债。这种策略不仅改变了公司的资本结构，还可能影响公司的市场估值和投资者对公司的看法。这种策略需要谨慎实施，因为它可能影响公司的股价和市场信心。公司需要确保此举符合长期战略目标，并且公司应与投资者沟通其背后的逻辑和预期的结果。

3. 出售资产以回购股票

当公司已经拥有一定量的债务，且希望改变其负债比率时，出售资产并使用所得资金回购股票是一种可行的策略。这种策略可以快速减少公司的权益部分，同时保持负债水平不变，从而提高财务杠杆率。出售资产是出于战略重组的考虑，如出售非核心业务或低效资产。这要求公司能够合理评估和选择出售的资产，以确保不会损害公司的核心竞争力和未来增长潜力。

（二）需要迅速降低杠杆作用的公司

对于需要迅速降低杠杆作用的公司，在进行资本结构优化的过程中，公司主要可以通过两种方式来实现：发行权益以偿还负债和重新协商债务合约或出售资产以偿还负债。

1. 发行权益以偿还负债

这种方法涉及通过发行新的股票或增资来筹集资金，并使用这些资金来偿还现有的负债。这一策略能够降低负债比率，从而减少公司的财务风险和提高其筹资能力。这种策略的成功在很大程度上取决于资本市场的接受程度。如果市场对公司的前景持乐观态度，发行新股可能会得到良好的响应。但如果市场对公司的未来持悲观态度，这种策略可能不会有效，甚至可能导致股价下跌。因此，在采取这种策略之前，公司需要仔细评估市场情绪、股价水平，以及可能的市场反应。

2. 重新协商债务合约或出售资产以偿还负债

在重新协商债务合约的过程中，公司可能会劝说债权人将部分或全部债务转换成股权，这样做可以直接降低公司的负债水平。这种策略的成功往往取决于债权人对公司违约风险的评估。面临高违约风险的债权人更愿意接受这种转换，以避免更大的损失。公司可以选择通过出售资产来筹集资金，特别是那些非核心或低效率的资产。公司将所得收入用于偿还债务不仅能够减少负债比率，还能优化公司的资产组合，使其更加专注于核心业务。

（三）需要逐渐提高杠杆作用的公司

对于需要逐渐提高杠杆作用的公司，在进行资本结构优化时，具体操作过程如下：

1. 通过新的负债方式筹资新投资项目

公司可以考虑通过借贷来为新投资项目筹集资金，特别是对于那些预期能带来高回报的项目。这种策略不仅为公司带来新的投资机会和相应的现金流量，而且随着公司负债比率的增加，可以推动公司资本结构朝着更优化的方向发展。这种策略适用于那些对自身负债能力还有一定空间，且能够识别和利用有利可图投资机会的公司。在采取这一策略时，公司需要确保所选投资项目的回报率高于其负债成本，以保证财务的可持续性和投资的营利性。

2. 评估投资回报与成本

在选择用负债方式筹集资金的投资项目时，公司需要详细评估投资的回报和成本。这包括利用内部收益率或会计指标（如权益报酬率或资本回报率）

来衡量投资回报，并将其与预定成本进行比较。这种分析确保所选项目能够产生足够的回报，以覆盖负债成本并为公司带来净增益。有效的项目评估有助于公司避免投资低效或风险过高的项目，确保新债务的财务效益。

3. 回购股票或增加股利支付

对于那些负债能力尚有余地，但缺乏有利可图的投资项目的公司，另一种提高负债比率的策略是通过回购股票或增加股利支付。这种策略可以在没有新的投资机会时有效地增加负债水平，同时为股东提供回报。回购股票可以提高 EPS，增加股东价值；而增加股利支付则直接向股东分配更多的现金回报。这种策略适用于寻求平衡财务结构和增强股东价值的公司。

（四）需要逐渐降低杠杆作用的公司

杠杆作用过高的公司通过逐渐地降低公司的杠杆作用所获得的好处，在于可以获得剩余的现金流量以用于新项目投资，并且随着公司负债比率的降低，公司权益的价值会增加。然而为了获得这种好处，公司必须能够利用内部权益或发行股票的方式来为新投资项目筹资。如果公司做不到这一点，那么公司只能用剩余的现金流量来偿还债务以降低公司的负债比率，毫无疑问，在这一调整过程中，公司应该停止支付股利或者停止回购股票。

第七章 公司资本结构的风险预警系统

第一节 风险预警系统的构成

资本结构是一个动态开放性的运行系统，在其自身不断调整的过程中必然会面临各种困境和风险，加强对资本结构风险的监测、识别、计量和评价，建立一套行之有效的风险预警系统是必要的。本节介绍公司资本结构风险预警系统的构成。

一、组织机构

（一）预警组织机构的作用

为了确保风险预警系统的功能得到正常和充分的发挥，公司需要建立一个有效的预警组织机构。预警组织机构在公司资本结构风险预警系统中的主要作用如下：

1. 风险识别与评估

预警组织机构能及时识别和评估公司资本结构的潜在风险。这一过程涉及收集和分析大量的数据，包括财务数据、市场动态、行业趋势和宏观经济指标等。通过对这些信息的深入分析，预警组织机构能够识别出可能影响公司资本结构和财务健康的风险因素。一个有效的预警组织机构会持续监测债务水平、利息保障倍数、现金流量情况等关键财务指标，以及分析这些指标的变化趋势和潜在风险。这个机构还需要关注外部环境的变化，如政策调整、市场波动、竞争格局变化等，以全面评估可能对公司造成影响的各种风险因素。

2. 策略制定与建议提供

预警组织机构不仅需要识别风险，还需要制定应对策略和向公司管理层提供合理的建议。这包括为公司管理层提供关于如何调整资本结构、优化财务管理、降低财务风险的专业意见。例如，当发现负债水平过高时，预警组织机构可能会建议公司通过股权融资或资产出售来降低财务杠杆率。预警组织机构应参与制订风险缓解计划和紧急应对策略，如制订备用融资计划、调整投资策略或优化现金流量管理等。这些策略将帮助公司提高其对市场变化和不确定性的适应能力，从而保持长期的财务稳定。

3. 沟通与协调

预警组织机构负责在公司内部以及与外部利益相关者之间进行有效的沟通和协调。这种沟通不仅包括将风险信息和建议传达给管理层和董事会，还涉及与投资者、债权人和其他关键利益相关者的交流。通过透明和及时的沟通，预警组织机构可以帮助所有相关方理解公司面临的风险状况和采取的应对措施。这样的沟通有助于建立和维护利益相关者的信任，减少市场对公司财务状况的误解和猜测。这包括协调公司内部各部门之间的合作，确保风险管理措施得到有效实施。

（二）预警组织机构的设置模式

预警组织机构的设置模式主要有以下两种：

1. 相对独立的预警组织机构

在这种模式下，预警组织机构在公司内部拥有一定程度的独立性。这样的组织通常由兼职成员组成，包括公司的经营者、熟悉管理业务的内部管理人员，以及具有现代经营管理知识和技术的专家。公司还会聘请一定数量的外部管理咨询专家，为预警分析提供更广泛的视角和专业知识。这种独立的预警组织机构能够客观、中立地进行风险分析，其独立性有助于防止内部利益冲突和保证分析的客观性。该机构不直接干预日常经营活动，而是专注于对风险的识别、评估和报告，其工作成果直接向最高管理层报告。这种设置模式能够提供独立的视角和深入的分析，有助于管理层更好地理解公司面临的风险，并制定有效的应对策略。

2. 现有职能部门分担预警工作

在这种模式下，预警组织机构的工作由公司现有的职能部门承担，如财务部、公司管理办公室或审计部。这些部门根据自己的职能范围参与风险预警工作，确保预警活动与公司的日常运营紧密相关。公司指定一个具体部门负责集中处理和安排相关事宜，以确保风险预警工作的连续性和专注性。这种模式能够更好地整合公司内部资源，利用现有部门的专业知识和经验，同时确保风险管理与公司其他业务活动的紧密联系。它有助于确保风险预警与日常业务流程相结合，提高预警的时效性。

每种预警组织机构的设置模式都有其优点，公司应根据自身的规模、管理结构、风险特征以及资源配置来选择最适合的模式。无论选择哪种模式，关键在于确保风险预警系统能够有效地进行风险识别、分析和报告，为公司管理层提供及时、准确的风险信息，支持其做出明智的决策。这些组织机制需确保预警分析工作的常态化和持续化，以及具体到人的责任分配，从而为系统的持续运作提供坚实的基础。

二、会计信息系统

（一）会计信息系统的作用

在公司资本结构的风险预警系统中，会计信息系统发挥着至关重要的作用，主要体现在以下两个方面：

1.提供财务数据

会计信息系统是提供财务数据的主要来源，这些数据是公司资本结构的风险预警系统进行分析的基础。会计信息系统应确保所提供数据的准确性和及时性，包括收入、成本、资产负债情况、现金流量等关键财务数据。这些数据的准确性对于识别潜在的财务风险至关重要，因为错误或过时的数据可能导致错误的风险评估和决策。因此，会计信息系统需要具备高效的数据处理能力，以确保管理层和风险分析师能够获得最新的、最准确的财务数据，从而做出正确的风险评估和决策。

2.进行历史数据分析与趋势预测

会计信息系统不仅能够提供当前的财务数据，还能够提供历史数据，这些数据对于分析财务趋势和模式非常重要。通过分析历史数据，公司可以识别特定财务指标的变化趋势，如负债水平、现金流量稳定性等，从而预测公司未来的风险。例如，一个公司如果发现其债务水平在过去几个季度持续增加，这可能是未来财务困难的预兆。会计信息系统可以帮助公司管理层及早识别这些趋势，从而采取预防措施，如减少新的债务融资或提高资金储备。

（二）会计信息系统的构建原则

1.确保数据的准确性和一致性

会计信息系统需要能够准确地捕捉和记录所有财务交易，保证数据的正确性和完整性。这要求会计信息系统设计时需考虑不同的财务流程和规则，确保数据录入的准确无误。一致性则意味着系统需要遵循一套统一的会计准则和标准，以确保报告的可比性。比如，公司内部的不同部门或业务单位应使用相同的会计原则和计算方法，以便在整个组织范围内比较和分析数据。一致性涉及时序上的连贯性，确保历史数据与当前数据在会计处理上的一致。

2.及时性和可访问性

会计信息系统需要及时更新数据，以提供最新的财务信息，从而支持管理层和其他用户的决策制定。这意味着会计信息系统应具备高效的数据处理能力，能够快速收集、处理并报告财务数据。会计信息系统的设计应确保用户能方便地访问所需信息。这包括用户友好的界面、有效的数据检索功能和灵活的报告工具。会计信息系统应能支持各种标准报告和自定义报告的生成，以满足不同用户的信息需求。

3.可扩展性和灵活性

会计信息系统应具有良好的可扩展性，以适应公司未来的发展和变化。随着公司业务的扩展、市场的变化或新的法规的出台，会计信息系统可能需要添加新的功能或进行调整。因此，会计信息系统的设计应具备足够的灵活性，以便在必要时进行升级和修改，而不需要重新建立整个系统。这涉及选择可扩展的软件平台、使用模块化设计原则，以及考虑未来可能的技术发展趋势。

4.集成性和兼容性

会计信息系统应能与公司的其他业务系统和管理信息系统集成，确保信息流的无缝对接和数据的一致性。集成性不仅提高了数据处理的效率，还有助于实现全面的业务分析和决策支持。系统间的兼容性也非常重要，特别是当公司使用来自不同供应商的多个软件系统时。这要求会计信息系统能够与这些系统兼容，支持数据的有效交换和共享。

三、预警分析系统

在公司资本结构的风险预警系统中，预警分析系统的作用至关重要。这个系统能够通过深入的分析迅速识别那些对财务有重大影响的风险，同时排除那些影响较小的风险。这种区分使公司能够将资源和注意力集中在那些可能对公司造成严重影响的风险上，从而更有效地管理和缓解风险。

预警分析系统一般由先行指标和扳机点这两个要素构成。

（一）先行指标

先行指标是用于早期评估运营状况不佳的变动指标，它们是识别潜在风险的前兆。这些指标可能包括财务比率的变化、市场份额的变动、客户满意度的下降等。通过监控这些先行指标，公司可以及早发现问题的征兆，从而在风险成为现实之前采取预防措施。

（二）扳机点

扳机点是控制先行指标的临界点，也就是应急计划开始启动的信号。当评估指标超过扳机点时，应急计划便随之启动。这种机制确保了公司在面对风险时能够迅速反应，及时采取行动，减轻风险带来的负面影响。例如，公司可以设定特定的财务比率（如负债比率）达到某个水平时，就启动债务重组的计划，以降低财务风险。

四、风险处理机制

在风险分析清楚后，公司需要对这些风险进行准确的评估。这包括对风险的大小、影响范围和潜在损失进行量化。风险评估旨在帮助公司理解每种风险的性质和严重程度，从而为制定相应的应对风险处理机制提供依据。这一过程可能涉及财务建模、情景分析和压力测试等技术。在风险评估后，公司需要制定针对性的风险处理机制。公司可以通过保险或衍生工具来转移某些风险，或者通过调整业务策略和财务结构来降低风险。在制定风险处理机制时，公司需要考虑风险处理的成本和潜在收益，以及这些风险处理机制对公司整体战略的影响。风险处理机制还包括对公司实施的风险处理机制进行监控和评估。这意味着公司需要持续追踪风险处理机制的效果，确保这些机制能够有效地降低或控制风险。这可能涉及定期的风险报告、绩效评估和审计。监控和评估不仅能帮助公司及时调整和优化其风险处理机制，还能提高风险处理的透明度和问责性。

五、风险责任机制

风险责任机制是确保公司资本结构风险预警系统有效运行的关键。风险责任机制的核心在于明确公司内每个层级和个体对风险预警系统的责任，从而确保风险能够被有效识别、评估、监控。

（一）明确责任划分

明确责任划分意味着每个涉及风险预警系统过程的个体和部门都应清楚自己的职责范围，确保风险预警系统的有效性。责任划分涉及以下职能的分工：监测和报告风险、评估风险、制定应对措施、执行这些措施。例如，在一个理想的风险预警系统中，高层管理层负责为风险预警系统制定应对措施，财务部门负责监测和报告财务风险，而运营部门则负责管理与业务运作相关的风险等。明确责任划分为每个风险类型分配合适的负责人和团队，确保他们具备处理相应风险所需的技能和资源。每位员工都应该了解自己在风险管理中的角色，包括识别潜在的风险的方法，以及在风险事件发生时的应对流程等。这样的明确划分不仅有助于快速有效地响应风险，也有助于提高整个组织对风险管理的认识和参与度。

（二）制定有效的奖惩制度

制定有效的奖惩制度是风险责任机制的关键组成部分，它对于激励员工参与风险管理和确保风险控制措施得到有效执行至关重要。

奖惩制度是通过对风险管理表现的正面或负面反馈，来促使员工在日常工作中积极识别和管理风险。在这种制度下，那些有效识别、报告并帮助减轻风险的员工会得到奖励。奖励可以是金钱奖励，如奖金或股票期权，也可以是非金钱奖励，如晋升机会、公开表彰或额外的职业培训机会。这些奖励可以激励员工更加关注风险管理，提高他们在日常工作中识别和应对风险的积极性。公司要对那些未能妥善管理风险或导致风险恶化的行为进行处罚，如警告、降职、减薪甚至解雇。处罚的目的不是简单地惩罚错误，而是为了强调风险管理的重要性和紧迫性。通过明确的处罚措施，员工会更加清楚风险管理的严肃性，从而在日常工作中更加谨慎。

制定奖惩制度时，公司需要注意以下几点：

一是公司要考虑公平性和透明性。这意味着奖励和处罚的标准需要明确，对所有员工都公平适用。整个奖惩过程应该透明，所有员工都能够理解奖励或处罚的规则，从而能够使员工更好地获得奖励或避免处罚。这有助于提高员工对制度的接受度和参与度。

二是公司应保障奖惩制度与公司整体的风险处理机制和目标相一致。这意味着奖励那些真正对降低公司整体风险有贡献的行为，而处罚那些增加公司风险或与公司风险处理机制不符的行为。这种一致性有助于确保奖惩制度真正推动公司风险处理目标的实现。

第二节　风险预警系统的分析方法

由于资本结构的风险最终体现在财务风险上，所以公司可以通过财务风险分析方法进行资本结构的风险分析。

一、定性分析方法

（一）标准化调查法

标准化调查法指通过专业人员、咨询公司、协会等，就公司可能遇到的资本结构问题加以详细调查与分析，形成报告文件。这种报告文件从一两页到上百页不等。之所以称其为标准化，并不是指这些报告文件具有统一的格式，而是指它们所提出的问题对所有公司都是有意义的、普遍适用的。这种方法为公司提供了一种相对快速、经济的方式来识别资本结构潜在风险，尤其是那些通用性的、跨行业的风险。

标准化调查法是公司资本结构风险预警分析中的一个重要方法。为了充分发挥其作用，公司可以将其与其他风险分析方法相结合，以获得更全面、更具针对性的资本结构风险评估。公司也应鼓励专业人员在编制报告时考虑公司的特殊性，结合具体业务环境和市场情况，提高报告的适用性和准确性。通过这种措施，公司可以更有效地管理和减轻风险，保障其财务稳定和持续发展。

（二）阶段症状分析法

阶段症状分析法通过识别公司财务运营中的各个阶段及其相应的症状，帮助管理者及时发现并应对潜在的财务危机。这种分析法认为公司的财务问题通常不是突然发生的，而是有一系列逐步加剧的症状。通过识别和解读这些症状，公司可以在财务状况恶化成严重危机之前采取措施。

该方法大致将公司的财务运营病症分为四个阶段。

1.财务危机的潜伏期

公司可能会出现如盲目扩张、无效的市场营销、疏于风险管理等问题。这些问题虽然初期可能不明显，却是财务问题潜在的根源。例如，盲目扩张可能导致公司资源分配不当，而无效的市场营销可能导致公司收入下降。如果这些问题没有得到妥善处理，它们可能会导致公司进入财务危机的发作期。

2.财务危机的发作期

公司可能会出现自有资本不足、过分依赖外部资金、利息负担过重等更为明显的症状。这一阶段的问题更加严重，可能会对公司的财务健康产生直接影响。例如，利息负担过重可能会导致现金流量紧张，进而影响公司的日常运营。

3.财务危机的恶化期

随着问题的进一步加剧，公司进入财务危机的恶化期。在这个阶段，公司的经营者可能会丧失经营业务的兴趣，更多地专注于财务周转。资金周转困难和债务到期违约成为突出的问题。这表明公司的财务状况已经严重恶化，需要紧急采取措施以避免更糟的结果。

4.财务危机的实现期

此时公司的负债已经超过资产，丧失了偿付能力，甚至面临倒闭的风险。这是财务危机的最终阶段，公司已经无法通过普通的资本结构调整来恢复正常。

实践操作中，公司应将自身的财务状况与这些阶段的典型特征进行对照，以评估公司存在财务危机的可能性。一旦发现相应的症状，公司必须尽快弄清问题的根源，并采取有效措施来解决问题。这包括调整经营策略、优化资本结构、削减不必要的开支等。公司需要建立有效的监控和预警机制，以确保能够及时发现并应对这些症状，避免财务状况的进一步恶化。

（三）流程图分析法

公司的经营活动通常包括筹资与投资、购货和付款、生产与耗费、销售与收款等相互联系的环节。公司可以将这些经营活动以现金为中心，用流程图的形式反映出来。通过清晰地展示这些环节之间的联系，公司可以识别在整个经营流程中可能出现的问题和风险点。例如，流程图可以展示从原材料采购到产品销售的整个过程，以及这个过程中涉及的资金流动情况。通过分析这些流程，公司可以识别存在效率低下、成本过高或者操作风险的环节。在这种流程图中，每个公司都可以找到一些财务监控关键点。关键点上发生故障的概率、将会造成的损失、预先防范的措施等，这些都是潜在风险的判断与分析。公司可以根据自身具体情况把流程图画得详细一些，以便更好地识别可能发生的风险。一般而言，公司在关键点处采取防范措施，才可能降低财务风险。在使用流程图分析法时，公司应将其与其他风险识别和评估方法结合使用，以获得更全面的风险评估。

二、定量分析方法

（一）单变量模式

单变量模式是指运用单个财务比率来预测公司财务危机的模型。一般来说，公司发生财务危机是由长期因素造成的，因此在预测公司财务危机时应注重跟踪长期因素的比率，并特别注意这些比率的变化趋势。利用单变量模式预测财务危机常用的财务比率主要包括以下九个：

1. 速动比率

速动比率，即速动资产与流动负债的比率，其聚焦公司的短期偿债能力，特别是在不依赖存货的情况下。速动资产是指那些可以迅速转换为现金的资产，如现金及现金等价物、市场证券和应收账款。速动比率的临界值定为1，这意味着速动资产和流动负债相等。速动比率高于1，表明公司具有较强的短期偿债能力，这时公司处于相对安全的风险区域。相反，如果低于1，这意味着公司可能面临流动性问题。

2. 流动比率

流动比率，即流动资产与流动负债的比率，这个比率是衡量公司短期偿债能力的另一项重要指标。流动比率的临界值同样为1，这代表流动资产和流动负债相等。如果流动比率低于1，这意味着公司的流动资产不足以覆盖其短期债务，这在风险性上大于同样数值的速动比率，因为流动资产包括更多的不易快速变现的资产，如存货。

3. 资产负债率

资产负债率，即外借资金与自有资金的比率，其反映了公司资本结构的风险程度。不同国家对资产负债率的临界值的规定不同，例如英国规定为1，而日本则在1至2之间。资产负债率高于临界值，表明公司的财务杠杆过高，公司承担了较大的风险；而资产负债率低于临界值，则表明公司在资本结构方面相对安全。

4. 存货周转率

存货周转率，即销售额与存货值的比率，显示了公司存货的周转效率。存货周转率反映了公司在一定时期内存货的周转次数。虽然没有绝对的标准，但每个行业或每个经营类型通常有一个参考的风险值。一般而言，较高的存货周转率表明公司在有效管理其存货，而过低的存货周转率意味着公司的存货积压或销售不畅。过高的存货周转率导致"过头生意"现象，即过度追求存货周转而忽视了其他重要的经营因素。

5. 利息保障倍数

利息保障倍数，即息税前收益与利息的比率，用于评估公司偿还利息的能力。理想情况下，利息保障倍数应大于1，这意味着公司的息税前收益足以覆盖其利息费用，从而表明公司拥有良好的偿债能力。如果利息保障倍数等于1或小于1，这表明公司的收入刚好或不足以支付利息，这是一个潜在的财务风险信号。在这种情况下，公司可能面临现金流量紧张的问题，进而影响其长期的财务稳定性。

6. 负债比率

负债比率是通过将销售额除以债权来计算得到的，它反映了公司管理部门收回欠账的能力。较高的负债比率通常表明公司能够迅速有效地收回应收账款，从而确保资金流量的流畅。这对公司的运营至关重要，因为良好的资金周转能够减少资金紧张的风险。通常，负债比率的临界值设定为5，高于这个值公司通常被视为安全，而低于这个值则意味着公司进入危险区域。

7. 资本回报率

资本回报率即息税前收益与所用资本的比率，是衡量公司经营效率和盈利能力的重要指标。资本回报率不仅能够反映公司的财务表现，而且是评估公司经营业绩的主要指标。在将资本回报率作为风险指标时，公司必须考虑通货膨胀的影响。扣除物价因素后的资本回报率应该保持在正值以上，零值或负值意味着公司可能面临财务风险。负值的资本回报率表明公司的盈利能力不足，无法为其所用资本提供合理的回报。

8. 边际利润率

边际利润率通过将利润除以销售额并乘以100%来计算，反映了公司从每单位销售额中获得的利润比例。边际利润率是衡量公司效益和盈利能力的一个综合指标，显示了公司销售收入转化为净利润的效率。一般而言，边际利润率的临界值设定为10%，这意味着公司应至少从销售额中获得10%的利润率才被视为处于相对安全的财务状况。边际利润率越高，表明公司的盈利能力越强，公司对价格波动和成本增加的抵抗能力越强，因此财务风险越低。相反，低边际利润率意味着公司在盈利方面存在问题，如高运营成本、低效的价格策略或市场竞争压力等。

9. 资产周转率

资产周转率通过将销售额除以所用资本来计算，这个指标衡量了公司利用其资产产生销售收入的效率。资产周转率的临界值因公司所在的行业或经营类型的不同而不同，不同行业的资产周转效率存在显著差异。因此，在评估公司的资产周转率时，首先需要了解行业内一般的风险临界值。一般而言，资产周转率的临界值大于1被认为是正常的，这意味着公司的销售额至少等于其所用资本。较高的资产周转率通常被视为良好的财务表现，这表明公司能够高效利用其资产产生收入。相反，较低的资产周转率表明公司在资产利用方面存在问题，如过多的存货积压、资产闲置或资本配置不当等。

单个财务比率在衡量公司风险时通常只能提供有限的视角，每个比率仅反映了公司风险的一个特定方面。虽然这些比率在分析中非常有用，但它们的信息往往是片面的，且有时可能受到财务操作的影响。因此，仅依赖单个财务比率来评估公司的整体风险是不够的，这可能导致对公司的实际财务状况判断错误。为了更准确地评估一个公司的综合风险水平，建议在风险测量过程中同时考虑多个财务比率。这种方法能提供更全面的视角，帮助揭示公司不同财务方面的信息。分析多个比率并在它们之间找到一致的结论是一项复杂且耗时的任务。特别是当各个比率之间的信息不完全一致时，得出统一的结论变得更加困难。这种情况可能会使客观测量标准在得出结论时失去一定的客观性。因此，虽然单变量模式在一定程度上有效，但其有效性十分有限。

（二）多变量模式

1. 公司安全率

通过计算公司安全率，公司可以获得对公司财务和经营状况的深入了解，并发现改善其财务健康状况的途径。公司安全率是由两个因素交集而成：经营安全率和资金安全率。其中，经营安全率的具体计算如式（7-1）所示

$$经营安全率 = \frac{现有或预计销售额 - 保本销售额}{现有或预计销售额} \qquad (7-1)$$

资金安全率的计算如式（7-2）所示

$$资金安全率 = \frac{资产变现金额 - 负债额}{资产账面金额} \qquad (7-2)$$

通常情况下，如果公司的两项安全率指标都高于零，这表明公司的经营状况是健康的，公司可以考虑采取扩张战略。如果资金安全率是正的，而经营安全率低于零，这暗示公司虽然财务基础稳固，但在营销方面表现不佳。在这种情况下，公司应当重点加强营销管理，提高其利润创造能力。当公司的经营安全率高于零，而资金安全率是负值时，这意味着公司的财务状况开始出现危机迹象。公司需要优先考虑创造自有资金、削减不必要的开支，并改善财务结构。最严重的情况是当公司的两个安全率指标都低于零时，这标志着公司正处于危险的境地，公司可能随时面临财务危机。因此，公司管理者必须确保公司的总体安全率始终保持在正值状态。为了实现这一目标，公司管理者需要采取必要的措施。

2. 虚拟因变量计量经济模型

虚拟因变量计量经济模型是一种重要的统计方法，用于分析和预测具有二元结果（如成功/失败、是/否）的情况。这类模型主要包括线性概率模型、线性辨识模型和有序 Logit 模型。下面重点介绍线性概率模型。

线性概率模型的回归形式为

$$y_j = c_0 + \sum_{i=1}^{k} c_i x_{ji} + \varepsilon_j \qquad\qquad (7-3)$$

式中，x_{ji}为第 j 个公司的第 i 个财务比率的值，是该模型的解释变量；y_j 为该模型的被解释变量，若 $y_j=1$，表示第 j 个公司会发生财务危机；若 $y_j=0$，则表示第 j 个公司不会发生财务危机；ε_j 为相互独立且均值为 0 的随机变量。

运用多元线性回归技术可以计算出此模型中 c_i（$i=0$，1，2，…，k）的估计值 $\hat{C}_i$。得到模型

$$y = \hat{C}_0 + \sum_{i=1}^{k} \hat{C}_i x_i \qquad\qquad (7-4)$$

此模型可以解释为，在给定某公司财务比率 x_i 的情况下，为该公司发生财务危机的概率的估计值。

线性概率模型简单，并且易于解释。线性概率模型通常被视为初步分析的工具。在更复杂的情况下，公司可能需要使用有序 Logit 模型或其他更复杂的统计方法来提供更准确的预测结果。这些模型能够更好地处理二元因变量的特性，如非线性关系和概率值的限制。

第三节　风险预警系统的构建模式

一、总体模式

风险预警系统的总体模式是为了整体把握公司整体运营的潜在危机，并指出在当前的经营活动中可能存在的盲点，使公司管理者能够提前识别并应对潜在的危机。在设计风险预警系统的总体模式时，公司通常需要采用多种风险控制和评估方法，并需要结合公司自身的特点和需求。风险预警系统的总体模式的构建涉及以下几个关键方面：

（一）运用多变量模式思路

这涉及建立一个公司的多元函数预警公式。这个公式主要是通过对影响公司的各种风险变量的内容或其加权系数进行修正和调整，从而建立一个符合公司特定要求和特色的总体模式。多变量模式能够综合考虑多个因素的相互作用，为公司提供更全面的风险评估。

（二）运用单变量模式的思路

这包括计算公司的经营安全率等风险评估指标。经营安全率反映了公司在经营和财务方面的稳健程度。单变量模式虽然相对简单，但能够提供快速的风险评估，有助于及时识别和应对特定风险。

（三）建立健全内部稽核制度

有效的内部稽核制度不仅能够防止内部人员滥用职权和公款，还能够确保公司的风险预警系统发挥实际效用，从而避免财务预警成为形式上的程序。内部稽核制度应包括以下几个关键组成部分：

1. 强化内部控制机制

这意味着建立一套全面的内部控制机制，确保所有财务和业务流程都受到适当的监督。这包括确保交易的透明性、合规性和正确性，以及有效地管理和监控公司的财务风险。

2. 实施有效的财务审计

财务审计是稽核制度的重要组成部分，它涉及对公司财务报告的准确性和完整性进行定期审查。审计过程应由独立、客观的审计团队执行，以确保审计结果的公正性和可靠性。

3. 建立风险评估和管理程序

公司应定期进行风险评估，以识别和评估可能影响其运营和财务状况的各种风险。基于这些评估，公司需要制定相应的风险管理程序，以有效应对识别出的风险。

4.提升员工的风险意识和责任感

培养员工对风险管理的认识和责任感对于稽核制度的有效实施至关重要。公司应定期对员工进行风险管理和内部控制方面的培训，以及鼓励员工积极参与风险识别和报告。

5.设置清晰的内部通报和反馈机制

内部通报机制能够确保所有级别的员工都能及时了解关于风险管理的重要信息。公司建立有效的反馈机制可以帮助管理层持续改进内部控制和风险管理程序。

二、分部门模式

在风险预警系统的构建过程中，分部门模式是一种根据公司不同业务领域如采购、生产、营销和财务等设立独立预警系统的方法。这种模式专注于公司的各个关键部门，通过识别和改进这些部门的财务失衡问题，进而提高公司的整体财务健康和运营效率。分部门模式能够为总体风险预警系统提供支持，帮助公司更深入地探究财务问题的根本原因，从而实现精准的问题解决。这种模式促进了各个部门之间的协作和沟通，有助于整合不同部门的信息和资源，共同解决跨部门的问题。通过这样的协调和合作，公司不仅能够有效地处理各个部门的特定问题，还能够提升整个公司的综合运营效益。

（一）单一部门负责方式

在分部门模式中，单一部门负责方式是一种集中管理的方法，通常由财务部或一个指定的经理负责，该部门或经理为公司的各个部门设定具体的关键指标，并建立相应的预警线。在期末，负责的部门或经理会对各个部门的表现进行综合检查和评价，这不仅包括对每个部门是否达到其关键指标的评估，还涉及对整个公司财务营运的失衡点进行识别。这种方法能够提供一个集中的视角来监控和管理公司的整体财务状况，也能够确保各部门的活动与公司的整体战略和目标保持一致。单一部门负责方式有利于及时识别问题和进行必要的改进。通过集中的检查和评估，公司可以迅速发现表现未达到预期的部门，部门活动可能导致财务失衡的部门，从而及时采取措施进行纠正。这种方法有效地促进了公司财务管理的规范化和标准化，对于提高公司财务效率和降低风险具有重要作用。

（二）多部门负责方式

在分部门模式下，多部门负责方式是针对大型公司而设计的，这类公司通常拥有众多部门，且面临复杂的内部沟通挑战。在这种模式中，每个部门作为一个独立的单位，根据自身可控因素建立专门的部门预警系统。这种方式使风险管理更加具体化、个性化，从而提高了公司对风险的识别和应对效率。

1. 财务部门

在风险预警系统中，财务部门扮演着核心角色，其预警子系统覆盖资产管理、资本及负债管理、现金流量管理和利润分配管理等关键领域。通过精心设计的指标体系，财务部门可以有效监控公司财务健康的各个方面，及时发现潜在的风险并采取措施加以应对。例如，资产管理的指标包括资产周转率和固定资产比率，而资本及负债管理的指标涉及负债比率和利息保障倍数。现金流量管理的指标如现金流量比率和运营现金流量净额，以及利润分配管理的指标如股利支付率和留存收益比率，均为财务部门提供了全面的风险视角。这些指标不仅能够帮助财务部门评估公司的财务状况，而且也为管理层提供了决策依据，以优化公司的财务策略和运营效率。

2. 销售部门

销售部门虽然不直接管理公司的资金流动，但其销售效率对公司的现金流量有着直接影响，这关系到公司的偿债能力和长期发展。销售部门的预警系统以销售效率变化为核心，关注的指标包括毛利率、销货折让比率、坏账摊销比率、营业费比率和广告费比率等。这些指标反映了销售活动的效率和效果，如毛利率显示了销售活动产生的利润水平，而坏账摊销比率则表明了收回欠款的能力。通过监控这些指标，销售部门不仅可以及时识别销售过程中的问题，如价格策略或客户信用风险，还可以及时调整策略，以提高销售效率和公司的整体财务表现。

3. 生产部门

生产部门的预警系统聚焦生产效率和运营效果，涵盖材料管理、资产管理、产品管理和成本管理等方面。有效的生产部门管理对于避免浪费、优化资源配置和维持公司竞争力至关重要。关键指标包括材料使用率、生产周期时间、产品质量控制指标和单位产品成本等。通过跟踪这些指标，生产部门可以及时发现生产过程中的问题，如原材料浪费、生产效率低下或产品质量下降，从而采取必要的措施优化生产流程和提高生产效率。

4. 供应部门

供应部门的预警系统关注的是供应链管理的效率和成本控制。关键指标包括经济订货批量与实际采购量的对比、最低标准库存量与实际库存量的对比、采购费用变动、缺货成本和损坏成本等。通过这些指标，供应部门可以有效地监控供应链的健康状况，及时发现和解决供应链中的问题，如供应不稳定、库存过多或成本过高。这不仅有助于保障公司运营的连续性和效率，还对控制成本和提高利润率起着关键作用。通过优化供应链管理，公司可以提高对其市场变化的响应速度，增强其市场竞争力。

多部门负责方式通过为不同的业务部门设立专门的风险预警系统，确保各部门能够针对自身特点和风险因素进行有效的风险管理。这种分散而又专注的风险管理策略有助于大型公司在复杂的业务环境中更好地识别、监控和减轻风险，从而保障公司整体的稳定和持续发展。

公司在进行分部门模式风险预警时，有几个关键点需要特别关注，以确保风险预警分析的有效性和准确性。

一是公司应深入理解影响公司核心问题的重要性。不同性质和规模的公司会有不同的财务特点，因此影响它们财务运营状况的核心因素也各不相同。公司在进行预警判断时，重点应放在几个关键系统的运行状况上。这意味着分析师需要对公司的业务模式、市场环境和内部运作有深入的了解，以便能够精准识别对公司的财务状况影响最大的因素。这不仅需要对公司的历史数据进行的深入分析，还需要对行业趋势、竞争对手和市场环境的综合评估。这样的分析能够帮助公司更好地理解其财务状况的弱点和潜在风险，从而在问题发生之前采取预防措施。

二是公司应为各部门设定挑战性的财务指标警戒值。这些警戒值不仅需要反映公司的战略目标和市场环境，还应该具有一定的挑战性，以激励各部门提高表现。通过对历史数据的统计分析、对公司计划的细化，以及对行业和市场趋势的理解，公司可以设定出既合理又具挑战性的财务指标。这些指标的设定应考虑各部门的具体情况，确保它们既切实可行又能够有效推动部门和公司整体的财务改善。如果指标过于宽松，这可能导致部门自满，使公司忽视潜在的财务风险，而过于严苛的指标可能导致过度压力和非理性的业务决策。

三是公司应及时传递和处理财务预警资料。即时产生的财务预警资料需要迅速送达相关部门，并采取有效的对策进行处理。这要求公司内部有专门的人员或团队负责财务预警信息的跟踪和更新，以及与各个部门的沟通协调。有效的信息传递和及时的处理机制能够帮助公司迅速识别财务问题，并采取相应的措施防止问题恶化。财务分析人员需要特别关注公司对财务危机的及时化解能力，这不仅涉及财务数据的分析，还包括对公司整体战略和市场反应能力的评估。

参考文献

[1] 李心愉，郝君富．公司融资案例［M］．北京：中国发展出版社，2008．

[2] 王玉荣．中国上市公司融资结构与公司绩效［M］．北京：中国经济出版社，2005．

[3] 冯玉梅．基于市场微观结构视角的我国上市公司融资行为研究［M］．长春：吉林大学出版社，2007．

[4] 顾正娣．公司治理结构与公司融资结构研究［M］．南京：东南大学出版社，2022．

[5] 王茂斌．中国非上市公众公司投融资研究［M］．北京：对外经济贸易大学出版社，2023．

[6] 钟加泰，杨公齐．企业融资［M］．广州：暨南大学出版社，2004．

[7] 王小霞．企业融资理论与实务［M］．西安：西北大学出版社，2017．

[8] 孙少岩，祝莹，于洋．小微企业融资研究［M］．长春：吉林人民出版社，2017．

[9] 闫婧．现代企业融资理论、实务及风险管理［M］．北京：中国商务出版社，2018．

[10] 刘小刚．我国民营企业融资问题研究［M］．北京：北京理工大学出版社，2017．

[11] 吴英晶. 中小企业融资决策研究［M］. 赤峰：内蒙古科学技术出版社，2016.

[12] 颜赛燕. 共享经济下企业投融资活动研究［M］. 北京：北京理工大学出版社，2017.

[13] 谭富，赵斌，袁园. 互联网模式下中小企业融资市场研究［M］. 成都：电子科技大学出版社，2018.

[14] 齐力然，任谷龙. 中小企业融资实务：案例解析与法律风险防范［M］. 北京：中国法制出版社，2017.

[15] 宋均发，孔伟，朱传勤. 企业融资渠道与技巧［M］. 青岛：青岛海洋大学出版社，1994.

[16] 张志宏，孙伟，朱传勤. 现代企业资本结构研究［M］. 北京：中国财政经济出版社，2003.

[17] 郑长德. 企业资本结构：理论与实证研究［M］. 北京：中国财政经济出版社，2004.

[18] 傅元略. 企业资本结构优化理论研究［M］. 大连：东北财经大学出版社，1999.

[19] 饶育蕾. 制度适应与市场博弈：企业资本结构的形成机理［M］. 北京：经济科学出版社，2003.

[20] 宋明泽，张宏达，李君慧. 电网企业智能择优融资策略模型研究［J］. 商业会计，2023（21）：46-49.

[21] 张静，陈淑芳，白珂瑞. 战略性新兴产业上市公司融资效率评价与提升策略研究［J］. 内江科技，2023，44（7）：33-35.

[22] 匡孟杰. 上市公司融资渠道的选择策略探析：基于企业产权结构［J］. 商业2.0，2023（12）：42-44.

[23] 侯旭华，杨航昕. 基于EVA模型的互联网保险公司融资效率评价与提升策略研究［J］. 上海保险，2023（3）：34-41.

[24] 李波．金融资产管理公司融资策略［J］．合作经济与科技，2022（16）：58-59.

[25] 曹子荆．基于可持续增长和价值创造模型的上市公司融资策略选择［J］．河北企业，2022（2）：55-57.

[26] 郑然．融资租赁公司融资途径的选择策略探讨［J］．企业改革与管理，2021（23）：116-117.

[27] 赵玉斐．国有小额贷款公司融资优势探究与策略建议［J］．会计师，2021（18）：40-42.

[28] 张艳．上市公司融资风险内部控制问题研究［J］．企业改革与管理，2021（13）：34-35.

[29] 和森勤．新形势下基于财务可持续增长的上市公司融资策略探究［J］．现代营销（经营版），2021（4）：76-77.

[30] 何一鸣．新形势下集团公司融资风险防范策略［J］．质量与市场，2021（4）：110-111.

[31] 张雅馨，李长青．上市公司融资问题及应对策略［J］．中国乡镇公司会计，2020（12）：12-14.

[32] 施利娟．跨国公司融资策略研究：以华为为例［J］．营销界，2020（16）：179-180.

[33] 林吉．试析集团企业融资问题及有效应对策略［J］．财会学习，2020（4）：13-15.

[34] 林少春．上市公司融资策略探究［J］．现代商业，2019（35）：148-149.

[35] 袁琳．房地产公司融资策略优化研究［J］．企业改革与管理，2019（17）：117-118.

[36] 沈建文．上市公司融资策略分析［J］．现代营销（下旬刊），2019（7）：70-71.

[37] 李新文. 浅析集团公司融资决策管理现状及优化策略［J］. 财会学习，2019（14）：204.

[38] 万晶，王磊. 高新技术企业融资策略研究：以华为公司为例［J］. 经济研究导刊，2019（8）：149-151.

[39] 章剑飞. 万科公司资本结构分析及其轻资产模式下的财务战略转型［J］. 广西质量监督导报，2018（11）：57-58.

[40] 陈健萍. 证券公司融资融券业务问题分析及建议［J］. 辽宁经济，2018（8）：42-43.

[41] 王群. 公司融资策略及融资方式的选择［J］. 中外企业家，2018（12）：67，69.

[42] 刘宏军. 建议上市公司融资现状和策略分析［J］. 中外企业家，2018（2）：3.

[43] 王笑霞. 数字普惠金融与中小企业资本结构优化关系探讨［J］. 经济师，2023（10）：108-109，113.

[44] 傅风华. 民营企业资本结构优化与财务风险管理研究［J］. 中国产经，2023（18）：161-163.

[45] 牛海阁. 资本结构优化对企业价值的影响：以伊利公司为例［J］. 全国流通经济，2023（18）：115-118.

[46] 蔺玉清. 浅谈中小企业的财务风险及资本结构的优化［J］. 产业创新研究，2023（17）：159-161.

[47] 王春彪. 以某典型企业为例的资本结构现状与优化对策建议［J］. 中阿科技论坛（中英文），2023（8）：67-71.

[48] 敖惠敏. 企业资本结构优化与融资决策［J］. 全国流通经济，2023（12）：108-111.

[49] 周鑫. 企业资产证券化与资本结构优化研究［J］. 财经界，2023（17）：21-23.

[50] 张强．国有企业融资管理问题及对策分析［J］．全国流通经济，2023（11）：89-92.

[51] 张伟．优化企业和资本市场融资结构迫在眉睫［J］．中国商界，2023（5）：72-73.

[52] 傅煜．论企业股改上市后的财务管理及风险控制研究［J］．中小企业管理与科技，2023（9）：167-169.

[53] 范润馨．基于生命周期视元的企业财务战略选择分析［J］．老字号品牌营销，2023（6）：114-116.

[54] 闫娜．企业财务管理目标与资本结构优化思考［J］．纳税，2023，17（5）：88-90.

[55] 陈鹭艳．论财务管理目标与资本结构优化［J］．财会学习，2023（2）：10-12.

[56] 陈小委．我国上市房地产企业资本结构影响因素分析及优化建议［J］．全国流通经济，2023（1）：84-87.

[57] 牛海阁．资本结构优化对企业价值的影响：以伊利公司为例[J]．全国流通经济，2023（18）：115-118.

[58] 董佳芮．通信类上市公司资本结构优化研究：以三维通信为例[J]．金融文坛，2023（8）：65-67.

[59] 傅煜．论企业股改上市后的财务管理及风险控制研究［J］．中小企业管理与科技，2023（9）：167-169.

[60] 吴慧贤．股份有限公司资本结构优化问题分析：以W公司为例[J]．市场周刊，2023，36（2）：118-121，132.

[61] 谢飞英．关于投资公司资本结构优化问题的探讨：以A投资公司为例［J］．广东经济，2022（12）：76-79.

[62] 隋雯.S轮胎股份有限公司资本结构优化研究[J].投资与创业,2022,33(22):94-96.

[63] 许波,郭蕊.A地产公司资本结构优化研究[J].投资与创业,2022,33(14):7-9.

[64] 戴婷婷.公司资本结构优化决策应用的现实意义:以A上市公司为例[J].现代企业,2022(7):135-137.

[65] 王胜杰.H房地产公司资本结构优化研究[J].中小企业管理与科技,2022(12):109-111.

[66] 陈良华,叶茂然,迟颖颖.资本结构动态调整的目标资本结构优化研究:来自中国房地产上市公司的经验证据[J].东南大学学报(哲学社会科学版),2022,24(3):31-39,146.

[67] 苏蕴琦.中国平安保险股份有限公司资本结构优化问题研究[J].产业创新研究,2022(9):128-130.

[68] 罗曼.上市公司资本结构优化研究:以Y公司为例[J].投资与创业,2022,33(9):180-182.

[69] 王宁.企业资本结构及优化策略研究:以焦作万方股份有限公司为例[J].商展经济,2022(7):90-93.

[70] 马婧.国有企业改革背景下国有资本投资运营公司的治理结构优化[J].中国市场,2022(3):77-78.

[71] 李杨.B公司基于企业财务处理元度的资本结构优化研究[J].中国物流与采购,2021(21):78-79.

[72] 陈佩佩.SN公司资本结构优化分析研究[J].环渤海经济瞭望,2021(10):25-29.

[73] 陈静雯.企业资本结构优化管理研究:以Y医药公司为例[D].宜昌:三峡大学,2020.

[74] 高义奇. 基于资管新规的企业资本结构优化研究：以东方园林为例［D］. 乌鲁木齐：新疆财经大学，2019.

[75] 曹越. 基于灰色关联分析法的中小企业融资决策研究：以 TL 公司为例［D］. 太原：太原理工大学，2021.